生活·讀書·新知 三联书店

许倬云 著

我者与他者

中国历史上的内外分际

Simplified Chinese Copyright © 2024 by SDX Joint Publishing Company.
All Rights Reserved.
本作品简体中文版权由生活·读书·新知三联书店所有。
未经许可，不得翻印。

图书在版编目（CIP）数据

我者与他者：中国历史上的内外分际 / 许倬云著. —北京：生活·读书·新知三联书店，2024.8 （2024.10 重印）
（许倬云学术著作集）
ISBN 978-7-108-07828-5

Ⅰ．①我… Ⅱ．①许… Ⅲ．①中国历史－研究 Ⅳ．① K207

中国国家版本馆 CIP 数据核字 (2024) 第 072195 号

策划编辑	张　龙
责任编辑	张静芳
装帧设计	康　健
责任印制	李思佳
出版发行	生活·讀書·新知 三联书店
	（北京市东城区美术馆东街 22 号 100010）
网　　址	www.sdxjpc.com
经　　销	新华书店
制　　作	北京金舵手世纪图文设计有限公司
印　　刷	北京隆昌伟业印刷有限公司
版　　次	2024 年 8 月北京第 1 版
	2024 年 10 月北京第 2 次印刷
开　　本	880 毫米 × 1230 毫米　1/32　印张 5.5
字　　数	105 千字　图 36 幅
印　　数	6,001 - 9,000 册
定　　价	60.00 元

（印装查询：01064002715；邮购查询：01084010542）

《我者与他者：中国历史上的内外分际》
2008年，香港中文大学出版社，平装本

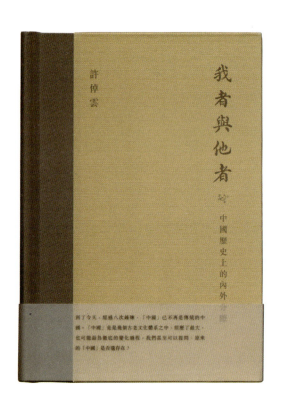

《我者与他者：中国历史上的内外分际》
2008 年，香港中文大学出版社，精装本

《许倬云学术著作集》总序

这套"著作集",乃是我在芝加哥大学考过学位以后,至今六十余年,在专业的岗位上累积的成果。此外,另有一些专题的有关论文,分别刊登于《历史语言研究所集刊》《文史哲学报》等专业期刊;此番整理成集,则是将上述单篇论文分门别类,汇集成帙,供读者参考。

这套由生活·读书·新知三联书店出版的"著作集"中,从《西周史》、《形塑中国》到《汉代农业》这三本书,虽然成书之序有先后,而在我心目之中,却是这三本著作联结为一,叙述古代中国自西周建立封建制度以来,经过春秋、战国列国并存的阶段,终于经过秦、汉而实现大一统。这一进程,先聚后散,然后又再行拼合,俨然成为东亚的大帝国。

在此阶段的中国,政制统一,乃是皇权专制。而《汉代农业》陈述了整个过程中经济因素的成分及其融合。最终,中国发展出世界上最早的"精耕细作式农业",终将农舍工业与农业的收获相结合，凝聚为以农业产品为商品的交换经济。这是经济、社会两方面的整合，与皇权专制互相配合，进而熔铸为一个巨大的共同体。

只有经由如此的整合，中国这一皇权制度最后才得以凝聚为具体的"生活共同体"。如此生活共同体，才足以支撑理念上的"文化共同体"。二者之间，又以文官制度的管理机制作为骨干。

在世界史上，这三本书所代表的形态，并未见于其他地区大国发展的历程中。因此，我愿意提醒读者：中国凝聚得如此彻底，与其说是因为其政治体制的整合作用，毋宁说，奠基于经济代表的"生活方式"与文化代表的"思想形态"，才使得"中国"二字凝聚之坚实，远远超越民族主义和文化共同性，成为独特的国家单位。

在撰著前述三本书的过程中，我的主要论点不仅是思考专题内部之逻辑，而且体认了，"中国"之形成在人类历史上，自有其独特的过程。

至于其他三本拙著，《水击三千》《熔铸华夏》以及《我者与他者》，其主要论点也无非努力澄清上述巨大"共同体"的形塑过程，以及各个构成单元之间的互相依存。前三本拙著侧重于时间轴线上的进程；而后三本拙著则着力在平面发展上的"互联性"。

若将六本拙著合而言之，其整体关怀则是中国的"天人感应"及生活上的心灵与环境之互动；又将如此庞大的共同体，设法安置于这一广宇长宙的多向空间,以体现人与自然之间的互相感应;同时也提醒国人,时时不要忘记——单一的"人"与"人间",以及集体的"群"与"群间",都是互动、互依、互靠的。于是,这上亿的人群,不仅是生活在庞大的共同体之内,更需在天地之间对自己有所安顿。"天",这一特殊的"大自然",在中国人心目中的地位,就不是一种宗教信仰,而是令"人间"在"自然"中的地位,有了确实的定位及与之互动的合理性。

我自己感觉,中国人的生活,从来就不愿意以"人事"制服"天然"。此中合理性,并不是出于对神明的敬畏,而是"天人之际",是人对于自然的亲近和尊重。这一着重处,其实与最近半个世纪以来世界各处开始认真注意环保以及宇宙之间的平衡,包括对于自然的尊重,乃是一致的。因此,以中国文化中素有的如此自觉,与西方世界开始具有的认识相互对照,两者之间确是应当互通,而且彼此阐发,使地球上的人能够真正长存于天地之间。

以上,是我向读者们提出的一些自白。希望读者阅读拙著,能够理解我的用心:我并非只做学术研究,而是希望为己为人陈述一个"中国方式的安身立命";更盼望中国传统的"个体"与"群体"的紧密关系,亦即"天人"的合一与"群己"的合一,能够与世界应当走入的途径,彼此一致,互相启发。

区区自白,不仅是指明叙述的方向,也是盼望我自己的一些观念得到读者们的同情。

2023 年 10 月 10 日
辛亥革命周年,许倬云序于匹兹堡
2024 年 4 月 1 日,改订于匹城寓所

《许倬云学术著作集》出版说明

许倬云先生拥有长达七十年的学术生涯,著作等身,且其著作卷帙浩繁、版本众多。2022年起,经生活·读书·新知三联书店(以下简称"三联书店")多方协调,这套六卷本《许倬云学术著作集》得以成编,是为先生学术面向之首度总结。谨按时间先后顺序,将相关版本情况交代如下。

《形塑中国:春秋、战国间的文化聚合》是作者的芝加哥大学博士毕业论文,其导师为汉学大家顾立雅(Herrlee Glessner Creel,1905—1994)。英文版 *Ancient China in Transition: An Analysis of Social Mobility, 722-222B. C.*,1965年由斯坦福大学出版,1968年再版;2006年,简体中文版《中国古代社会史论:春秋战国时期的社会流动》由广西师范大学出版社首度刊行。此次新译本定名为《形塑中国:春秋、战国间的文化聚合》,由中国社会科学院古代史研究所杨博博士于2022年冬,据芝加哥大学图书馆 Ellen Bryan 所提供的 1962 年论文原件翻译。相较斯坦福大学 1965 年英文版及 2006 年据此翻译的中文版,更为真实地恢复、还原了论文本有的行文特色。

《汉代农业:天下帝国经济与政治体系的生成》的英文版 *Han Agriculture: The Formation of Early Chinese Agrarian Economy, 206 B. C.-A. D. 220*,1980 年由华盛顿大学出版社出版。2005 年,简体中文版《汉代农业:中国农业经济的起源及特性》由广西师范大学出版社首度刊行;2019 年,简体新译本《汉代农业:早期中国农业经济的形成》被纳入"海外中国研究丛书",由江苏人民出版社出版,新、旧译本颇有分歧。此度收入本丛书,以江苏人民出版社授权的译本为底本,对副书名稍做修正。

《水击三千:中国社会与文化的整合》,是作者有关"古代中国社会转型的各个转折点"之学术论文的合集。繁体中文版名为《求古编》,1982 年由台北联经出版事业有限公司(以下简称"联经")出版,1984 年、1989 年、2022 年再版;简体中文版 2006 年由新星出版社首度出版,2014 年由商务印书馆再版。此番收入本丛书,以商务印书馆 2014 年版为底本,并重拟书名及全书篇目次序,删除与主旨"周、秦、汉中国社会与文化的整合"无关之篇目,以期集中呈现作者对于这一课题之省察。

《西周史:中国古代理念的开始》的繁体中文版《西周史》,1984 年由台北联经首度刊行;英文版 *Western Chou Civilization*

1988年由耶鲁大学出版社出版。此后,相关版本情况如下:二版(1986年,台北,联经),修订三版(1990年,台北,联经),修订三版(1993年,北京,三联书店),增订本(1994年,北京,三联书店),增补本(2001年,北京,三联书店),增补二版(2012年、2018年,北京,三联书店),增补新版(2020年,台北,联经)。此度收入本丛书,以三联书店2018年"增补二版"为底本,对文本细节进行了若干处校订。

《熔铸华夏:中国古代文化的特质》是1985年至1987年,作者在台湾有关中国文化系列讲稿之合集。尤其上篇《社会与国家》的探讨,从文化发展、国家形态、思想方式、农业经济等方面,从文化比较的视角对"古代中国社会转型"所做专题论述,可谓其这一阶段学术思想之纲要,也是理解其古史研究及文化比较研究之门径。本书繁体中文版《中国古代文化的特质》1988年由台北联经出版,1992年、2021年再版;简体中文版2006年由新星出版社首度出版,2013年、2016年分别由北京大学出版社、鹭江出版社再版。此番收入本丛书,以联经2021年版为底本,删除下篇《科学与工艺》四讲,补入前述《求古编》中删除之若干相关篇目,汇集为下篇《传统中国与社会》,并改订书名为《熔铸华夏:中国古代文化的特质》,以期更为集中呈现作者对于"古代中国社会转型"之思考。

《我者与他者:中国历史上的内外分际》是以2007年作者任香港中文大学首届"余英时先生历史讲座教授"期间所做演讲——《古代中国文化核心地区的形成》——之文稿整

理、增补而成,可视为《说中国》及《经纬华夏》之先声。本书繁体中文版 2008 年由香港中文大学出版社出版,2009 年由时报文化出版事业有限公司于台北发行繁体中文版;简体中文版 2010 年由北京三联书店首度刊行,2015 年再版。此番收入本丛书,以三联书店 2015 年版为底本,增补了若干插图。

至于本丛书书目中各书之先后次序,则依其"内在关联性"排列。作为编者,谨此说明。

2023 年 10 月 10 日初稿

2024 年 4 月 1 日,冯俊文改订于匹兹堡

目 录

江山风雨晦,长河万古流　i

引　言　1

1　史前时代　4
2　殷商时代　8
3　周代封建的天下　11
4　战国时代的列国体制　24
5　中国世界的形成　36
6　汉代的中国　42
7　帝国系统的衰变　47
8　族群"主"与"客"的转化　54
9　"我""他"的大混合　60

10　唐代的中国　68

11　宋代：列国体制下的中国　77

12　蒙古的时代　89

13　明代中国　101

14　清朝帝国　112

15　近代的变化　121

16　国共两党的中国　132

后　论　139

补　跋　141

江山风雨晦，长河万古流

迎第一届"余英时先生历史讲座"讲者许倬云教授

一

2006年余英时教授荣获美国国会图书馆颁授的号称"诺贝尔人文奖"的"克鲁格奖"（John W. Kluge Prize），消息传来，中外人文学者，拍手共庆，咸称实至名归。盖余英时教授为著名历史学家，学问渊博，著作等身，是当世华人学者之表表者。余教授毕业于新亚书院，后负笈美国，1962年取得哈佛大学博士学位，先后任教于密歇根大学、哈佛大学、耶鲁大学及普林斯顿大学。1973年至1975年余教授回香港期间，曾任新亚书院校长及香港中文大学副校长之职。多年来一直担任历史系及中国文化研究所顾问委员，和中文大学关系密切。现今余教授是普林斯顿大学荣休教授。

新亚书院为表彰余英时校友的崇高成就，建议联同中文大学另一成员书院崇基学院一起成立"余英时先生历史讲座"，推动中外历史文化,介绍学术新知。每年由两院合邀一位世界级著名历史学者来港,举行至少两场的公开讲座。

二

第一届"余英时先生历史讲座"的讲者,是许倬云教授。许倬云教授与余英时教授同龄,也同样是世界知名、著述丰富的历史学者。两人都是"中央研究院"院士,在美国教学及研究多年,而治学又同样包容中西,兼治古今,识见宏大,洞察深邃,分析细致,为同行所钦佩。尤其是两位学者除了有杰出的学术成就外,同样对于民族文化、家国情怀,都有莫大的深情和眷恋,处处流露在笔锋之间。单从《风雨江山》和《万古江河》这两部书的名字,便足以窥见许教授对中国土地和历史文化的用心。江山风雨如晦,历史长河奔流,余教授和许教授对学问追求,竭而不息;对文化视野,开拓远大;对民族生命,关怀备至,长抱忧思。第一届"余英时先生历史讲座"能够邀请到许倬云教授莅临演讲,真是最为适合不过的了。

三

许倬云教授,江苏无锡人,1930年出生于福建厦门鼓浪屿。中学就读于无锡辅仁中学,承袭了江南无锡"读书切实、做事认真"的学风传统，致力研读同乡前辈钱宾四先生的名著《国史大纲》，私淑钱先生的学养方法，这对其日后的史学根基与治学态度有很大的影响。1953年及1956年，许教授先后毕业于台湾大学历史系及文科研究所，随即进"中央研究院"历史语言研究所担任助理研究员。在台大就学期间，许教授从学于李宗侗、李济之、董作宾、劳贞一、凌纯声、芮逸夫及沈刚伯诸先生。在这些名师的教导下，奠定了深厚的治学基础。1962年，他取得美国芝加哥大学博士学位，同年回台湾担任"中央研究院"历史语言研究所副研究员（1962—1967）、研究员（1967—1970），并任台湾大学历史系副教授、教授，曾任系主任及研究所所长（1962—1970）。1970年应邀赴美任匹兹堡大学历史系及社会学系教授，1983年荣任该校校聘之讲座教授（University Professor）；1980年获选为"中央研究院"院士，1986年选为Phi Beta Kappa荣誉会员；1989年至1995年，荣任香港中文大学历史系讲座教授。其后又曾受聘为美国夏威夷大学、杜克大学、香港科技大学的讲座教授。

四

许倬云教授学问渊博，既博通中华五千年文化，及专精周、秦、汉三代的历史，同时又擅长应用社会科学理论研究历史。许教授的著作极为丰富，包括英文专著三本，中文专著

三十多部,中英文发表的论文过百篇。在他的自选集中[1],他说其著作可分成三类:

一、中国古代社会经济史;

二、考古学;

三、讨论中国文化发展的文章。

他的三部专书:《形塑中国》(Ancient China in Transition: An Analysis of Social Mobility, 722–222B. C.)、《汉代农业》(Han Agriculture: The Formation of Early Chinese Agrarian Economy, 206B. C. –A. D. 220)和《西周史》(Western Chou Civilization),可以代表他在研究西周文明及秦汉政治、社会、经济等方面的成果。探索中华五千年文化的著作就更多,从《中国古代文化的特质》到《中国文化的发展过程》,再到近年出版的《万古江河》,整个中国文化的开展与转折都能够在他的著作中勾勒出来。许教授说:"历史的演变未必有任何天定的规律,却仍有若干找寻的轨迹。"[2]这几部大作就是他追寻中国文化轨迹的重要成果。

周朝到两汉是许教授历史研究的核心。他探讨的课题围绕着政治结构、地方力量和农业经济。周是中国古典文明完成的时代,也是传统两千年文化的基础和泉源;汉是传统政治制度与社会结构形成的时期,两千年来政治社会的基本骨架在

---

[1] 许倬云:《自序》,《许倬云自选集》,上海:上海教育出版社,2002,第1页。
[2] 许倬云:《序:中国史与世界史的若干省思》,《中国文化的发展过程》,香港:香港中文大学出版社,1992,第27页。

乎其中。所以，这两个段落是了解中国历史基本性质最重要的环节。许教授曾说，他的研究范围牵涉到三个时期：一是形成期（formation），一是定型期（crystallization），一是转变期（transformation）；前者见性格的发展方向，中者是特殊个性的定型，后者则为过渡的过程。这三个时期的研究，体现在许教授三部主要的专著中：《西周史》主要探讨以文化为概念之华夏民族的形成期；《形塑中国》则讨论古代世界过渡到普世国家（universal state）和普世文化（universal culture）的过程；《汉代农业》更进一步分析维持中国这个普世国家两千余年传统社会的经济基础结构。

五

许教授的历史论著主要探讨中国历史上两大课题：一是中央政府与地方社会力量的冲突和融合；二是农业与商业，亦即城市与乡村的互补与联系关系。而针对中国传统文化的特色，指出"亲缘团体""精耕细作"与"文官制度"为构成中国历史发展的三原色。关于第一原色，许教授认为中国异于两河流域的文明，他们以地缘结合人群，而周代则选择以血缘来结合人群，中国的政治团体、地方组织基本上是以亲缘的团体而扩展的。

"精耕细作"是中国社会的经济基础，它与市场经济如车之两轮，相辅并行。许教授认为中国农村并非遗世孤立、自给自足的经济体,而是坐落在更广大的市场网络的小环节;通过网络的连接,各环节互通声气。小网络结集于小镇,大网络则以城市为纲。大小环节既有生产与消费的关系,疏通的网络自然就产生物品与人力的调节作用。因此,商业未必是压迫农业的罪魁,城市也未必成其为剥削乡村的祸首。

许教授强调的另一个中国文化的基因特色是"文官制度"(bureaucracy)。中国的文官组织来源久远,完备而复杂的文官系统理论早在《韩非子》中就出现了。在长期的演变过程中,文官制度是国家与社会斗争中的制衡角色。中国的文官制度不仅是工具性的合理,而且有儒家意念掺和其中,这是韦伯(Max Weber)在讨论西欧自16世纪以来的文官制度中所缺少的一环。儒家意念如果只当作意念系统,可能会成为教条,任何东西若变成教条就会神秘化,走上信仰的途径,而不走理性辩论的途径。儒家意念之作为目的而论,也可以相当基督教意念,是一种信仰,但儒家的意念却不是天的神谕,而是经世的使命。

六

有人说成家的学者都不愿把金针度与人。探析史料,是历史学者基本的训练。怎样把纷杂的史料爬梳、勾勒架构,条理不紊地铺排出来却最容易难倒莘莘学子。许教授擅长运用西方社会学方法研究中国历史问题，他的成名作《形塑中国》就是应用社会流动的概念来辨析春秋战国的变革。他指点学子注重与检讨韦伯、艾森斯塔特（S. N. Eisenstadt）、施坚雅（William Skinner）、蒂利（Charles Tilly）、沃勒斯坦（Immanuel Wallerstein）等人的理论，这正是"金针度人"之举，而他本人的研究成果又不是生硬地用理论来演绎，而是以丰富的史料为基础，用严密的论证来分析问题，方法既一目了然，又融会理论，贯通百家，不着痕迹。

许教授积极推动应用不同学科的方法来研究人类文化的发展，考古学就是他学问的核心之一。他曾多次陈述，古代史研究与考古学密不可分。在他和故宫博物院的前院长张忠培教授的大力推动之下，1997年、1999年和2003年，他们联袂主持了三次考古学会议。[1]前后与会的中青年学者逾百人，会议后还结集了三本论文集。[2]许教授积极推动考古学界中青年学者探讨人类历史的演化。由于上世纪50年代以来中国考古学

---

[1] 第一次是1997年，在香港中文大学历史系举办了"中国考古学研讨会——跨世纪的回顾与前瞻"。第二次是1999年，许教授促成了香港中文大学历史系与河北省文物研究所、河北省考古学会一起在北京西陵举办的考古学研讨会。第三次是2003年，继前两次会议，许教授又促成台湾"中央研究院"历史语言研究所举办"新世纪的考古学——文化、区位、生态的多元互动"讨论会。
[2] 许倬云、张忠培主编：《中国考古学的跨世纪反思》，香港：商务印书馆，1999；张忠培、许倬云主编，杨晶、黎明钊助理主编：《中国考古学跨世纪的回顾与前瞻：1999年西陵国际学术研讨会文集》，北京：科学出版社，2000；许倬云、张忠培主编，杨晶助理主编：《新世纪的考古学：文化、区位、生态的多元互动》，北京：紫禁城出版社，2006。

取得的丰硕成果,超越研探古器物与古文字研究的范围,建立了整套的层位学、类型学的研究方法。考古学家苏秉琦提出文化区系类型的理论和观念,进一步突破研究个别文化遗址的樊篱。中国文化分区的文化多元论,在中国广为学界接纳,许教授更进一步探讨区域文化之间的交流互动与分合。中国古代文化整合的过程,由聚落扩及当地中心(local center),进而迈向地区的中心(regional center),三者互相依存的层级关系,演化为复杂的政治体系。许教授在他的《另类考古学》一文中总结以空间为主题的地区研究说:

> 这一思考的方式,可以是演化的(evolutionary),也可以是传播的理论。其实,多线平行的演化论,即已容纳了传播的扩散效应,及相应而起的跃进效应。一个资源领域与另一资源领域相接触,经过交流而致融合,其间互相的影响,会改变演化阶段的发展的速度,及发展的方向。在一个领域的文化,与另一领域的文化相融合时,新的文化综合体,已不是原来任何一方的生活方式,而是另一生活方式。其中有若干领域的文化,会急剧转变,经由涵化程序,转变了发展方向。这一发展过程的复杂程度,与其当时情况的组织复杂性也有互应作用:越是复杂的系统,其系统平行的发展方式也越有多样的可能,经历的过程也有越多的曲折。在人类历史之演化的程序,其实从未是直

线的进行过程。人类的群体，不断在组成、接触、重组，于是社群与社区，都不过是长程演变中的一个阶段。地区性的考察，只是对于这些暂时出现的阶段，从空间与生态两方面，寻求其当时当地的情况而已。

他的研究并非止于区域，而是推及全球文化圈之间的交往，人类文化通过他曾说过的"接触→冲突→交流→适应→整合"五个延续阶段而不断演进。许教授是一位醉心研究中国文化的学者，从他的著作目录中看到，以文化为题的书名就有《中国文化的发展过程》《中国文化与世界文化》等等。即使不以文化为题，我们以他的"历史分光镜"来解构，其实也是隐藏着以文化为研究核心的。

许教授在临近退休之年，曾经说过他有一个计划，就是要写一本中国文化史的大著。当时我们期待一位以历史学为本位，旁及社会学、政治学、考古学、人类学及生态学等辅助学科的学者，以宏观、广博的精神，通古今之变的视野，勾勒中国文化的开拓与转折。2006年，他的《万古江河：中国历史文化的转折与开展》终于面世，这部书上通中国文化的黎明时期，下及亚洲多元体系的中国，以至在世界体系的中国都涵盖贯通，最后一章中国的"百年踬蹰"尤令人感到唏嘘。读其书想见其人。精湛的见识，豪迈的笔触，处处流露深厚的感情，许教授是一位真正对中国历史文化有温情和敬意的学者。

梁元生　黎明钊

本文部分内容参考自林聪标、刘石吉《迎许倬云教授到新亚书院讲学》，收入许倬云：《中国文化的发展过程》，香港：香港中文大学出版社，1992，第7—18页。

我者与他者

中国历史上的内外分际

引 言

　　这一本小书是从一次讲演引发的。2007年11月,香港中文大学崇基学院与新亚书院合办、中大历史系协办"余英时先生历史讲座"的第一次讲演,我应邀担任讲者。第一讲里讨论中国地区,几个史前文化都在距今四千年时发生历史重大变化。第二讲是讨论中国历史上不同时代的"中—外"关系模式。这两次讲演相关,但并不处于同一深度。这本小书,则是由第二次讲演所涉及的项目,延伸其内容,补充了当时应予陈述而未曾有时间处理的观念。我可以只将原来讲演的录音稿修改润色,作为讲演记录。但是,那一小时的讲演,实在留下了许多应说而未说的漏洞,我自己觉得有责任补足缺失,庶几不致太过简略疏漏。香港中文大学出版社社长甘琦女士,更支持我干脆写书,以代替原来的讲演录音稿。学术工作本来即不应当因陋就简。于是,我决定在甘女士承诺的"一本小书"范围内,交代对于"中—外"关系的一些浅见。

所谓"中—外"关系,若从日常语言的含义看,当是一个国家或一个文化系统,在面临"他者"时"自—他"之间的互动。但是,中国的历史,不只是一个主权国家的历史而已;中国文化系统也不是单一文化系统的观念足以涵盖。不论是作为政治性的共同体,抑或文化性的综合体,"中国"是不断变化的系统,不断发展的秩序。这一个出现于东亚的"中国",有其自己发展与舒卷的过程,也因此不断有不同的"他者"界定其自身。另一方面,在商周以后,掌握文字记录及拥有丰厚资源的"中原"自认为中心,视周边各处为外地边陲。于是,这一"自—他"的相对地位,又具有"中心—边陲"的互动。"中心"不断因为扩张而改变其范围,于是"边陲"的所在,也不断有相应的变化。旧日的"边陲",可能融入"中心",而于周边,又有原本遥远的地区,成为新的"边陲"。同时,若因为有时由不同的地区掌握了权力与资源,"中心"的所在随之转移,则"边陲"的所在也会为之转移。又因"中国"是一个复杂的系统,其地理空间由交通路线构成多重网络,干线所经,易于连接网络的中心;分支道路所经,即离核心隔了一层的"转接",遂与干道所经之处疏远。遗留在道路网络之外的空隙之地,则又疏远了一层。上述"疏远"的意义,不在空间距离的远近,而在资源与信息的输送所至,决定其在网络上的位置,因此,网络上会有另一形式的"边陲",离核心的空间距离不远,却因交通不便,信息不足,虽近在数十里之间,都视同蛮荒。[1]——凡此所说,其实不过指陈,"中国"是一个复杂的观念,因此其"自—他"关系,也有许多不同的形态。

---

[1] 有关网络的具体讨论,可参拙著《试论网络》,《许倬云自选集》,上海:上海教育出版社,2002,第30—34页。

1 史前时代

史前时期,考古学上在中国地区至少有五六个新石器文化系统,各自具有相当的文化特色,也在其所在地有过相当漫长的发展过程,(在"余英时先生历史讲座"的第一讲中,我曾介绍了)红山(约前3500年,主要分布在今内蒙古和辽宁、河北、吉林三省的交接地区,以内蒙古赤峰为核心)、大汶口-龙山(前4500—前2700,主要分布在今山东、苏北、皖北和豫东等地区)、良渚(前3300—前2250,主要分布在今长江下游的太湖地区,以浙江杭州良渚为核心)、石家河(前4600—前4000,主要分布在长江中游地区)及仰韶文化的庙底沟二期文化(前2900—前2800,主要分布在今豫西地区、河南地区、晋南和陕西等地区)。[1] 这些文化系统,同时并存,

---

[1] 各个新石器时代遗址的文化特色,可参拙著《西周史》,北京:三联书店,1994,第5—12页;《万古江河:中国历史文化的转折与开展》,香港:中华书局,2006,第15—30页。

各擅胜场。他们又彼此接触，有相当可观的商业交换与文化交流。他们在各自的立场，也必有"自—他"的相对观念。可是，当时还没有留下文字记录，以致我们无从知道其"自—他"如何界定。我们唯有从后世的观念回溯，或能找到一些线索。

中国历史上的"夏代"，我以为是周人接下了商人的地位，奄有当时的天下，遂追溯商以前据优势的诸夏，建构了夏、商、周的系列，号为"三代"，诸夏的地区，在晋南豫中至豫东一带。1930年代，商王国的存在，已由殷墟考古工作证实，[1]古史学界即在寻找"夏"的遗存。现在河南二里头文化的大型建筑遗址，已为考古学界认作夏代的都城。[2]我则以为夏人的领袖，自称"夏后"，不称王号，毋宁是诸夏部族推出的共主，并非王国，当然也谈不上是一个王朝。传说中的夏代，禹是接续舜由禅让得到大位，禹曾决定将大位交给伯益，而子启却又因众人拥戴登位。经过许多变故，后羿及其党羽，曾经夺得夏人的领导权，少康又夺回了夏后的地位。凡此都说明，甚至在传说中，夏也与一般"王国"的性质不同！但是，这些认同于一个共同体的族群，可能是自称为"夏"人。"夏"的字形，其实即是一个长面的人形，有双手环握，双足交叠（笔者按：文字学家对于这一字，自古迄今，颇多不同的解释，我们不必

---

[1] Kwang-chih Chang, *Shang Civilization*, New Haven: Yale University Press, 1980.
[2] 徐旭生：《1959年夏豫西调查"夏墟"的初步报告》，载于《考古》，1959年第11期，第592—600页。另参拙著《西周史》，第12—18页。

秦公簋(春秋)铭文中的"夏"字;师酉簋(西周)铭文中的"夷"字

在此缠入细节的讨论）。在历史上，各处人类的自称，往往自以为是"人"，而将其他族群以不同于"人"的名称之。夏人自称为最具人类长相的"夏"，也就不足为异了。

夏的"他者"当是"夷"，形相若背负大弓的人形。"夷"是中国典籍中最古老的名词，其含义不复带贬义，还是意指"仁者"。说到孔子的时代，他还感慨：中国不能耽了，不如乘舟还赴夷人的地方！[1]在庙底沟二期文化时，位于今日黄河流域的新石器时代居民，也许真的会羡慕山东地区的富庶生活与高文化水平！遗留在传说中的痕迹：五帝系统中的太皞、少皞、颛顼都是诸"夏"他者一方的人物。甚至，那位射下太阳的后羿，既是文化英雄，又是扰乱夏政的恶人。——简单地说，后世中国中心论的"四夷"（蛮夷戎狄）之首，在遥远的古代，并没有野蛮的贬义。

---

[1]《论语·子罕》记："子欲居九夷。"《论语·公冶长》记："子曰：'道不行，乘桴浮于海。从我者其由与。'"

2 殷商时代

商人建立了中国古代真正的霸权。一则,商人确立了完整的中国文字书写系统;二则,商人建构了复杂的国家组织。[1]由前者,商人及其后的周人,取得了记录与阐释中国历史的权力,从此奠定"中原"为中国核心的正统;至于后者,则是经过几百年演化,商人才完成了具体的权力机制。

商人取代诸夏,本是来自渤海冲积平原的他者,既不是诸夏,也未必是东方的夷人。他们的文化渊源,毋宁与日后东北亚的通古斯族群文化,有相当的关系。傅斯年先生(1896—1950)东夷与西夏的两分法,将"殷"当作"夷"的另一发音,是诸夏的"他者"了,傅先生确实有历史的卓见。[2]这一个不过是边缘的"他者",却在"诸夏"的基础上,建立

---

[1] 见拙著:《西周史》,北京:三联书店,1994,第23—27页。
[2] 傅斯年:《夷夏东西说》,《傅斯年全集》第三册,台北:联经,1980,第86—157页。

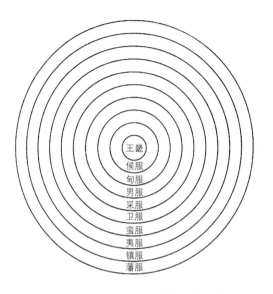

《周礼》所记王畿与"九服之邦国"关系示意图

了核心的"中原"!

而且,殷商的中原,已具有多层次的格局:中心是大邑商,其周围是"子姓"分族的居地,再往外是由殷商势力控制的四方(例如东土、西土),更外面是各种方国,其中有友好的人方,和战不定的周国,及敌对的鬼方。这一格局,在后世的中华天下,即是五服、九服的同心圆,[1]由近而远,由亲而疏,差序格局。商人有此安排,未必是有计划的设计,当是在辽阔疆土上,核心能够有控制四周的效率,必定越远越微弱。

---

[1] 古代王畿外围,以五百里为一服,分为五服:侯服、甸服、绥服、要服、荒服,最外是荒服。据《周礼·夏官·职方氏》,王畿千里,王畿之外每五百里为一服,共有九服:侯服、甸服、男服、采服、卫服、蛮服、夷服、镇服、藩服。

后世中国的皇朝的统治与控制,各因其实力而有不同,即使最强大的帝国,也不能不放任远处的藩属自主。简言之,中国的帝国体制,不能如后世西方帝国主义的殖民地制度一样,终究无法处处执行实际的统治。殷商王国的格局竟奠定了中华帝国体制的控制基本模式。

3　周代封建的天下

周人以小邦克服商人,建立了分封制度,则是上述同心圆模式之外,另立一个网络结构的模式。也许因为周人自己实力不够强大,却又必须在击败殷商之后,分封姬姜二姓的亲戚,其各自率领一些武力,长驻于若干要地,以这些"点",拉成几条"线",方能控制相当广袤的"面"。[1]周人到了文、武两代经营天下,在成、康两代,大致完成了分封网络。这一个巨大的工程,也许是由周公主持其编织。重要的几个点,宗周(关中)是周人的根本之地,成周(洛阳附近)是东方发展的总基地。两个王畿之间,由虢与申维护,封晋在黄河以北,捍卫北面。成周是东都,由周公主持国政,在两周(指宗周和成周)之间来回办事。成周四围,有卫、蔡、管(后来又加上郑),监视商人后裔宋,东南面的汉水淮水上的诸侯,拉成南方的阵

---

[1] 拙著:《封建制度》,《西周史》,北京:三联书店,1994,第142—176页。

线。东面，齐鲁两个大邦既控制山东诸夷的故土，又扼住北面通辽的咽喉。在北方，则放下邢燕，掌握渤海平原。整个分割网络，形成一个大弧形，覆盖了今日陕、晋、豫、鲁、冀的黄河、汾水、济水、汉水、淮水，及渤海湾"九河"诸地区。环顾同时的古代文明，西周的布局，气魄宏大，罕见足以相比的例子。

西周分封，用亲缘关系维持封建网络，宗统与君统相叠，血缘与政治结合，这双重结构，为中国文化传统留下了深刻的烙印。更须注意处：诸侯带去封地的武力，周人之外，还有殷商遗民；诸侯在封地，又结合当地族群，与其精英分子，互结婚姻。于是，无论哪一个封国，都是若干族群与文化系统的融合。周人与殷商文化，渗透各地的地方文化；同时，各地还有其地方文化的同化作用。日久之后，诸侯必然"本土化"，不免与中央逐渐疏远。是以西周分封，建构了各地上层的周文化礼制，也孕育了后来网络崩解的结局。

宗周王畿之内，周人也分封近支王子及贵族，使其各有封邑，平时足以自养，有事可以勤王。但是王畿面积有限，姬姜子弟亲戚，人数有增无减。再加王畿西北两方，都不断有外来族群，各受后方其他族群的压力，渗入宗周王畿。为了抵抗外力侵入，周王室又常调动东土武力，西入王畿，他们也往往留驻不去。关中本是膏腴之地，却也经不起大量人口的压力。封邑日多，王室能够直接调动的资源日少，"根本之地"相对于东方，失去了总后方的优势。是以，西周分封，诚然有其巧妙之处,却也有先天带来的弊病,分封越多,宗周越弱;时间越久,亲情越疏。于是西周晚期,厉王幽王两代,即使中间夹了一代力求振作的宣王,终究因为天灾人祸,内忧外患,纷至沓来,宗周灭亡,王纲解纽,那一个庞大的网络,一夕崩散。西周历史,也正是一个佳例:任何系统,都是变动不定的,变动之中,如果失去了调节能力,这个系统即会崩解![1]

西周发展的轨迹,在春秋时代,又重演了一次。西周沦丧,东方诸侯没有了王室的约束,亲情戚谊,都挡不住大国兼并小国。大小诸侯,终于并合为十几个国家,其中又以晋、齐、宋、鲁、卫、郑为主要列强。这些原来分封的诸侯,蔚为大国,各自拥有数倍到数十倍的土地与人口。在春秋开始之后的第二代及三代,上述诸国,也都分封子弟与功勋,以掌握广大的领土与人众。于是,西周分封制度的先天弊病,终于导致这些列强内部的变化。鲁的三桓[2],郑的七穆[3],齐的陈氏[4],以至三家(韩、赵、魏)分晋,处处是卿大夫挟制国君,这是又一次分封制度崩解,春秋的封建国

---

[1] 有关文化崩解的观念,参拙著《文化与社会崩解的比较》,载于《"中央研究院"历史语言研究所集刊》,第64本第1分,1993,第1—8页。
[2] 鲁三桓是指孟孙、叔孙、季孙,三人都是鲁桓公的后人,故称三桓。公元前537年,鲁昭公执政期间,三桓"四分公室",季孙得其二,孟孙、叔孙各得其一。
[3] 郑穆公有七子:罕、驷、丰、印、游、国、良,他们的后人均掌郑国国政。
[4] 陈氏即田氏,田氏原为陈国贵族,入齐后,数代均掌齐国国政。其中,田桓子之子田乞迎景公子悼公为君主,后又杀齐悼公,另立简公。田乞子田恒为相又杀齐简公,另立齐平公。

宜侯夨簋（西周） ◎ 江苏丹徒烟墩山出土，中国国家博物馆藏

内底铸有长篇铭文，记述周王册命夨为宜侯及相关的赏赐事宜。铭文中的"宜"被认为在今江苏丹徒一带，即吴国的发源地。

温县石圭盟书（春秋） ◎ 河南温县西张计村出土，河南省文物考古研究院藏

温县盟书是春秋晚期晋国卿大夫之间举行盟誓时记载誓词的文书。据《春秋》记载，242年内诸侯国之间朝聘会盟多达450次。

家,遂转化为战国时代的列国体制。

后世中国历史上的朝代,至少西汉(前202—25)、西晋(265—317)、明代(1368—1644),都曾试用分封制度,期盼亲戚骨肉屏藩。但是,这三次尝试,都引发了骨肉相残的内争,终于不能不终止分封。

西周瓦解,那一次"礼坏乐崩",不但当时的诗歌有深切的悲叹,也使时时在纷扰中的春秋人士,不断感伤这一文化秩序的崩溃。《左传》中记载了一些哲人的观察与反省,孔子则是以重新阐释西周秩序,界定了儒家政治文化的理念。嗣后数千年,孔子以下,孟子、荀子、韩非、董仲舒、柳宗元、张载、王夫之、顾炎武、黄宗羲,以至康有为……学者们不断阐释孔子理想中的周代政治文化。孔子,这一位雅斯贝尔斯(Karl Jaspers,1883—1969)"轴心时代"的思想家,[1]将周代家长权威与政治权威相叠合的王制,改组为中国文化的理想政治体制。综合言之,王者承受天命,以宗族大家长的身份统治天下的众民。亲情戚谊,转化为民众同胞的情怀,亦即王道,这是天下共同生活的基础。天命并非永远由同一王室承受,失德的王室,失去天命,天命由另一有德者承受。天听天视,反映于民听民视(《孟子·万章上》),因此天命与人民的拥戴乃是一致的。王者秉天命而治,但是王者是天命的象征,天与人之间的联系,王者无能无为的垂衣而治。具体的治理,需由王者

---

[1] 详见拙著:《西周史》,第98—109页。

选择当世的贤能，量材分工，推行仁政。这一理想，开辟了中国皇帝与文官系统共治天下的传统。[1]

天命由天而降，是以王道所传，遍及天下，"普天之下，莫非王土，率土之滨，莫非王臣"（《诗经·小雅·北山》）。王政所治，不是任何族群的民族国家，而是天下。"天命靡常，惟德是亲"。[2]因此，不但没有万年长承天命的王室（例如日皇自称的天皇世系），也没有哪一个族群是选民（例如犹太教的以色列人）。

从这些阐释的基础上，我们还有很大的开拓空间：天下为一体的观念，可以为全球化现象开拓一个人类社会的共同体；从怀仁博爱，可以与公平正义的理想配合，开拓全民的福利社会；由天命与人性、人的尊严配合人权思想，可以开拓民主自由。正如轴心时代的人物，孔子创造性地将现实转化为理想，他将封建礼仪提升为普世伦理，将血缘亲谊转化为仁道王政，将分封的控御体制，转化为大同的天下。在其他文明体系，佛陀创造了慈悲与无为，犹太先知与耶稣创造了神的大爱，这些轴心时代的人物，留下无限资产，使人类不是仅为了生存而活着，却不断阐释旧事物，提升平凡与伧俗，进入更高的境界。西周分封网络的历史事实，经过孔子以及后世的阐释，遂有无限空间供我们进一步开拓，进一步

---

[1] 拙著：《中国古代文化的特质》，台北：联经，1988，第38—45页。
[2] 详见拙著：《西周史》，第98—109页。

提升。汉代儒生的《礼运·大同》章，宋代张载的《西铭》，都是我们向往的境界，提示我们不断为改善现实世界作进一步的努力。

回到中外关系的课题：春秋与战国两个时期的区别，前者是列国体制的萌芽，后者是列国体制的完成。

春秋时期的诸侯，正在逐渐发展"国家"形态的共同体，可是华夏诸侯还归属于同一个礼教秩序内，这一礼教秩序则是西周王权与亲缘权叠合的组织。在这一礼教网络内的诸侯有一个共同的"我"体，礼教秩序之外，或则领地内的"国人"与"野人"，或到瓯脱地带（即边境荒地）的夷狄，都是"他者"，而华夏世界的最大"他者"，则是北方芈姓与江汉土著合组的荆楚。在春秋早期，北方的狄人是齐桓抵御的"他者"，数下去，荆楚成为华夏世界长期对抗的"他者"，到了孟子的时候，"南方"还是孟子心目中的外地。后起的吴越，则是在华夏与荆楚两个世界边缘，也可说是新兴的"他者"。

汤因比（Arnold J. Toynbee, 1889—1975）所谓"内在的普罗"（Internal Proletariat）与"外在的普罗"（External Proletariat），[1]

---

[1] 著名历史学家汤因比在《历史研究》中认为一个文明或帝国衰落时，会分裂成三个部分："当权的少数"、"内在的普罗"和"外在的普罗"。"内在的普罗"和"外在的普罗"是指文明或帝国内部和外部的边缘人，既居于社会，却不属于该社会。Arnold J. Toynbee, "The Disintegrations of Civilizations," in *A Study of History*, New York: Dell Publishing, 1946-1957, pp.414-489.

与诸侯国内的"他者",及华夏世界之外的"他者",颇可互相比较。无论内外的他者,都衬托了"我人"的内部凝聚。是以,在华夏的世界之内的诸侯,即使经常疆场相见,不断弱肉强食,还是有一套大家遵守的礼教。周王已没有实际力量了,王室的空架子还存在,诸侯盟会时,"王人"亦即王是代表,还是居上位。齐桓晋文,树立霸业,可是在王室之前,还是臣属。有名的事件:周襄王二十年(前632),晋文公召周襄王来会,周王却以周王"巡狩",召见了诸侯之长的晋文公……(见《史记·周本纪》)。春秋列国之间,有一些大家共同遵守的规矩,例如:不许拦阻赈灾的粮食,不许将洪水排入邻国,不许收容别处的逃奴,等等,甚至在战场上,也不许低阶人员对敌方高阶人员无礼,不许再次伤害已经负伤的人员,不许俘虏头发花白的老人……但是这些都是"君子"之间,亦即贵族阶层的内规,正如刑法是用之于被统治的"小人",礼教是属于贵族的。[1]

我们必须注意,"我人"与"他者"之间的界限,在春秋之世,却也不断改变,华夏秩序逐渐延伸于内外的他者,终于蜕变为中华文化圈。华夏与夷狄,不是对立,而是逐渐转变。楚秦吴越,都纳入了这一个庞大文化圈,编织了许多祖先谱系,将这些本是圈外的群体,一概收纳于圈内。

孔子的时代,正是周人封建伦理稀释殆尽。封建社会结

---

[1]《礼记·曲礼上》:"礼不下庶人,刑不上大夫。"

构也在急遽改组，原有社会阶层，不仅个人遭遇荣枯升降，总体也已在崩解之中。[1]孔子与一些同时代的人，其实没有亲身经历西周覆亡，但他们却真切感受到旧秩序的水土流失。"礼坏乐崩"，正是他们感受的巨变。

孔子面对社会失序，眷念理想中旧社会的有条有理。他一生致力于重整失去的伦理秩序，却不是恢复封建，而是将其中原来封建结构的理想成分，扩大为人间应有的普世伦理。于是对于主君的"忠"，转化为处世待人的诚敬；行之父母的"孝"，转化为对于祖先的眷念；对待下级的"仁"，转化为对众人的惠爱；又将诚敬（忠）宽恕结合，以诠释"仁"的内涵；封建伦理的"义"，原来是"应然"的行为，则转化为由内心的仁，表达为人际关系"应然"的互动。凡此转化，都将封建社会上层自诩为文质彬彬的伦理德目，转化为人类未来应有的人性本质，人人应予自修，庶几可以达到的境界。[2]

这是在文化大崩解之后的大突破。孔子的重大贡献，即在将社会上层精英自设的理想，阐释为"人"的"应然"本质，而且也是人人不必假借外力（例如神恩），全凭自己努力可以

---

[1] 可参拙著 Ancient China in Transition: An Analysis of Social Mobility, 722–222 B. C., Stanford, CA: Stanford University Press, 1965; 及《春秋战国间的社会变动》，《求古编》，台北：联经，1982，第319—352页。
[2] 见拙著：《孔子论仁及其延伸的观念》，载于《中原文献》，第27卷第3期，1995，第1—6页。

做到的提升。

孔子与其他儒者的贡献,亦即建构一个普世价值的伦理秩序,为东亚的人类界定了数千年的"文明",也规范了这些人的行为。数历史上足以与这一宏伟功业相比的,只有犹太－基督教系统与佛陀建立的佛教系统,两次同样重要的史事。以色列人曾自诩为上帝的选民,他们经过上帝的许诺,可以成为"神恩"内的"善人"。但是经过屡次的国家覆灭,族人离散,他们的先知们,已将神的承诺,解释为神对人的期许。犹太人屈服于罗马帝国时,耶稣与保罗,更将以色列选民的神,转化为人类共有的神。这一转化,也是在文化大崩解之后的大突破。佛教的兴起,是在由婆罗门教的繁文缛节,不足以抚慰列国争斗的人间苦难之时,释迦牟尼放弃了自己的家与国,为世人启示了一个不受俗世身份约束的"空"中见如来,体认慈悲的普世意义——也是大崩解之后的大突破!

中华文明系统,是由儒家界定了普世的人文价值。这一系统,既是普世的,当然不再有"自—他"的对立,但有个人悟解的深浅之分,也有从"无知"走向文明圈的远近之分。这一文明境界遂是由浅到深、由无知走向开化的逐步进程。

儒家界定的普世价值,可看作发展的过程,逐步提升。其社会关系圈,遂是由己及人、由亲及疏的同心圆,一层一层,有不同性质的人间伦理。这一社会关系圈,投射于中国与四邻的关系,遂是理想中"近者悦,远者来"(《论语·子路》)的"向化",没有绝对的"他者",只有相对的"我人"。

几千年来,所谓"天下",并不是中国自以为"世界只有如此大",而是以为,光天化日之下,只有同一人文的伦理秩序。中国自以为是这一文明的首善之区,文明之所寄托,于是"天下"是一个无远弗届的同心圆,一层一层地开化,推向未开化。中国自诩为文明中心,遂建构了中国与四邻的朝贡制,以及与内部边区的赐封、羁縻[1]、土司[2]诸种制度。正因为中国中心论,几千年来,中国不能适应与列国平等相处。直到近代,中国人似乎还难以摆脱这层"心障",一个原本是胸臆开放的普世主义,却又成为自设的局限!

正因为这一文化圈观念与政治圈观念的叠合,有些东亚的其他国家也会自我期许是中华文化的正统:日本、韩国、越南……都曾经自称为"中华",过去有过,目前也有。

将这两个观念分开,则是中国人将"天下"看作文化,将朝代看作国家。顾炎武即曾说过亡国不是亡天下(《日知录·正始条》),后者比前者更为严重。

从东亚的"中华和平"(Pax Sinica)[3]中,中华秩序的存

---

[1] 羁縻府州是唐王朝在边外降伏的外族土地上设置的,其长官由各该部族首长充任,并为世袭,实际上是自治单位。唐朝中央政府只是赋予首长勋位、官位名义。见拙著《万古江河:中国历史文化的转折与开展》,香港:中华书局,2006,第195页。
[2] 土司制度主要是元、明、清时期在西南地区管理少数民族的行政单位,由少数民族首领充任并世袭。
[3] Pax Sinica 即 Chinese Peace 的意思,是指中华帝国治下的和平(尤指东亚地区)。

在，似乎减少了不少列国之间的战争。相对于欧洲历史，东亚的国际战争，大多是北地游牧族群与"中国"之间的攻防。东亚其他地区，列国之间的大小战争，论数字，论规模，比欧洲的攻伐斗争，确是好些。

4　战国时代的列国体制

春秋与战国,两个时代,实际上是同一历史过程的前后两节。传统断代,是以三家分晋,取得周王的认可,作为划分的界线。春秋大事大都见于《春秋》及三传(尤其《左传》所记)。而战国史事则没有这样的典籍,只能依据各种先秦文献及汉史记载重建。因此,虽然这两段历史,应是延续的过程,却也因史料性质不同,呈显各别的特色。

战国时代,中国的核心,亦即当时的"我者",已经扩大,收容了边陲的不同"他者",那些原在春秋诸侯瓯脱之地的所谓戎狄(例如山西的陆浑之戎……),都已在各国兼并过程中,融合于华夏诸邦。北方的白狄,甚至建立了独立的中山国,由考古学所得数据,其礼制组织均已相当华化。

至于南方,强大富庶的荆楚,亘三百年,不断挑战中原的华夏世界,甚至将淮河之间的姬姓诸邦收入势力范围,中原的陈、蔡也已归属楚国阵营。这一最强大的"他者"后方,又有吴、越两大新兴势力,吴是挑战楚国的"他者",越又是挑战吴国的"他者"。荆楚吴越,合而言之,形成对于华夏世界有力的挑战。可是经济与文化的不断交流,这些南方的"他者",与北方之间,逐渐不能分开,形成了一个当时的"天下化",相当于今天我们所谓"全球化"的现象。于是,在孟子的时代,已有"天下恶乎定?定于一"(《孟子·梁惠王上》)的共同认识。换句话说,政治共同体之间的对立与斗争,挡不住因为频繁接触而引发的交流与融合。

在经济上,战国时代,地区贸易十分发达,许多都市已是"五方杂处",地区物产的互通有无,与国际性货币经济的发展,有互为因果的关联。文化方面,北方起于鲁、卫的儒家,及其衍生的墨家,以及起于沿海的阴阳五行之学,正在互相渗透,而起于中原与荆楚边缘的"泛道家"(此处意指老、庄、杨朱……),也在竞争之中,彼此影响。到了战国晚期,由考古所得资料看来(例如许多秦楚简牍),诸子百家,各处都在不断辩驳之过程中,不知不觉地融合为汉代中华思想体系的基础。[1]当然,在当时人士,还是有强烈的华夷敌我观念;例如孟子自己周游列国,但对于南方北来的农家,仍旧指斥为"以群夷变动华夏"(《孟子·滕文公上》)!

华夏世界始终自居为文化共同体的核心,主要在于北方发

---

[1] 见拙著:《中国文化的发展过程》,香港:香港中文大学出版社,1992,第11—13页。

人骑骆驼形铜灯（战国）◎ 出土于湖北荆门后港，荆州博物馆藏
骆驼是生活在北方的动物，在楚地出土骆驼形铜灯，反映了南北文化的交流与融合。

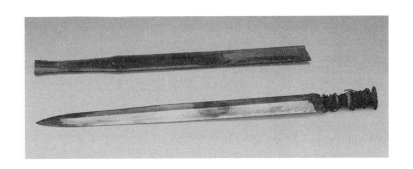

越王者旨於睗剑（战国） ◎ 浙江省博物馆藏

通长 52.4 厘米，剑格两面铸双钩鸟虫书铭文，正面为"戉（越）王戉（越）王"，反面为"者旨於睗"。

展了中国的书写文字系统,南方(如荆楚吴越)的文字,虽有小异(如越国的鸟书[1]),却终于接纳了这一文字系统。是以今日所见楚国简牍文字,大致都能通读。楚国文化,以传世及考古数据言之,无论艺术、音乐、文学,以至工艺技术,都不下于北方水平,而且具强烈的特色。吴越烧制瓷器及冶铸武器均可能超越北方。然而,终究因为北方的文字记录占了主流的优势,竟可说北方垄断了书写历史的权力,南方遂始终只能落在次要的位置。

历史其实是不公平的,若除掉南方文化的成分,中国文化系统将失去不少颜色。试想:中国文化没有了"南方之强"(《中庸》),没有《楚辞》,中国的韵文诗赋,将是如何?没有道家的自由与豁达,儒家独擅胜场,中国人的精神生活将如何有进退之际的从容空间?没有烧釉的技术,中国如何有世界独步的瓷器?再想象:如果没有南方云中君、山鬼,甚至巫山神女……只有板着脸的蓐收,虎齿的西王母……中国人的幻想与神秘,又将缺乏多少情趣?

战国时代的中国天下,在政治方面,毋宁仍是列国体制,一个国家有一个国家的主权,国民也各有其认同与归属。是以,各国杀人盈城,争地以战,互不相让。若与春秋华夏诸侯还有相当的共同意识相比,战国诸侯之间的区隔,竟可与

---

[1] 鸟书,又称鸟虫书,是春秋战国时期流行于越、吴、楚等国的书体,是先秦时期篆书的变体,常见于青铜器铭文中。

欧洲近古以来四五百年的列国体制相垺；只是战国诸侯，还不曾强调种族主义而已。即使当时没有上述欧洲模式的种族主义，各国自己的认同，在列国兼并过程中，依然呈现为强烈地坚持其国家主权。举例言之，吴越之间，两次存灭反复，夫差与勾践之间，两国人民都坚持了自己的国家认同。又如，燕齐相争，田单与燕昭，也都借其国家认同，各自反败为胜，救亡复国。最后，在秦灭六国的过程中，不仅楚人自誓，"楚虽三户，亡秦必楚"（《史记·项羽本纪》）；六国之后，在秦末也纷纷起兵反秦。凡此可见，文化与经济的趋于一统，并不能消弭列国的"自我"，以及对于敌国"他者"的排斥与抵拒。另一方面，战国才智之士，不论文武，多有出仕别国为客卿，各国朝廷也并不十分在意（秦一度有逐客之议，终究并未实现〔见《史记·李斯列传》〕）。然则，文化的统一，还是有其抵消国家界限的效果。因此，文化、经济与政治三个项目的"我者"与"他者"，并不完全一致。从对立到融合为新的认同之间，发展的辩证工程，在不同的项目，其融合进行，即可能会有落差。

战国时代，中国地区的逐步融合，由上述的"分"趋向"合"，新的"我者"，覆盖面广大，边界向外伸展，遂难免接触原来未必相接的外人。战国时代开始，扩大的华夏之国，遂多了北疆的"胡人"。过去蛮夷戎狄指涉的对象，即使因时而异，都在今日中国"本部"之内，其生活方式，也不致十分不同。但在战国七雄中，燕、赵与秦分别拓边后，一方面原来的少数族群融入华夏,已如前述;另一方面,北方高原上的居民,承受了中国扩张的压力,骑射文化的影响,在广袤的草原上,发展为游牧文化,借马匹与车辆,挟大量牛羊,长程移动,逐水草而居。这一生活方式,不再依恃小规模的农业,却必须有外联贸易网,以有易无。这种生活方式,会有随时聚合的潜力,将邻近散居聚落,组织为强大的部落,或部落联盟,保卫其生活资源,也掠夺更多的资源。

在公元前两千年前后,欧亚大陆北方干寒,人民生活艰难,引发由高纬度向南移动的连锁效应,一波一波的移民推向气候较为温和的地区。[1] 在这一时期,欧亚大陆的腹地,亦即所谓"内亚"的地区,人类驯服了马匹。经过一千多年的发展,人类不仅用马匹驾车,以增强移动能力,并且逐步发展了骑射,以此增强了狩猎及作战的能力。战国时代,中国北疆已出现擅长骑射的牧人,驰骋于广阔的草原,发展了迥异于南方的草原文化。

究竟"胡人"名称何来?其原义为何?至今未能有定论。一般惯例,判定族群,是以遗传体质、语言系统为重要指征。然而,欧亚草原上的游牧民众,由于经常长程贸易相通,部落经常分合重组,血统与语言一定都不断混杂,以致将原来可能各有来历的族群,混合为难以界定的人群。

---

[1] 见拙著:《中国历史与世界历史的结合》,《许倬云自选集》,上海:上海教育出版社,2002,第1—10页。

秦骑马俑（战国）◎ 出土于陕西咸阳塔儿坡墓，咸阳市文物考古研究所藏
这是我国目前发现的最早的骑马俑。俑呈骑跨状，身穿交领紧身窄袖上装，下着紧身裤装，足履短靴，为胡式服，无铠甲。应是模仿当时的骑兵制作的。

战国七雄，秦、赵、燕分别向北开拓。秦的开拓，收义渠（在今甘肃庆阳一带）诸"戎"及北地上郡，远到今日的河套地带。赵人开边，及于代北，进入今日内蒙古中部。燕人拓地千里，当已进入辽河流域。凡此开拓，历时大约不过两个世纪，中国华夏世界已侵略了北疆不下数千里的草原牧地！这三个国家的开拓，是否曾遭遇强有力的抵抗，史籍未见记载，历史记载的是燕将秦开等人的业绩。同时，赵武灵王胡服骑射，此时北方游牧生活的长技，已成为华夏世界的新兴作战方式。从这些线索看来，激发草原族群"军事化"的动机，似乎还在于对华夏世界大规模侵略的反弹。加强"军事化"的效应，却又改变了中国北方三国的作战方式，并由此为中原诸国模仿，以致在战国晚期中国战场上，骑兵已是重要的兵种，逐渐淘汰了一千多年的战车。[1]

北方"胡人"，在历史上有过许多不同的名称：东胡、匈奴、鲜卑、突厥、回纥、契丹、女真、蒙古、满洲……他们族属各有渊源，原居地也不相同。然而，这些人群，在中国历史上，一次又一次构成中国重大的威胁，甚至入主中国，改变了中国，也融入了中国。"胡人"作为"中华"的他者，延续两千余年之久，直到有了从海上进入东亚的"洋人"，中华才面对另一种"他者"！北方的"胡人"，则在清朝奄有南北之后，不再有举足轻重的挑战能力了。

---

[1] 见拙著，*Ancient China in Transition：An Analysis of Social Mobility，722–222 B. C.*，Stanford，CA：Stanford University Press，1965，pp.53–77.

战国时代的南方，也因为华夏世界的开拓，出现了一群新的"他者"。南向开拓的主角是楚国，在这一开拓过程中，所谓"蛮夷"的定义也随着时代改变；从北方华夏诸侯的角度，楚本身即是"荆蛮"，一部春秋历史，不少篇幅是有关中原与楚人的斗争。楚的起源，是祝融八姓中的芈姓一支。祝融八姓，在中国古代史上，似是黄河下游平原上一群无所归属的族群，他们既不属于山东的"东夷"，也不属于河南、山西的诸夏这些族群，可能为了生存，结为一个六个姓族的联盟，共同尊奉火神祝融为其祖先。六个姓族之中，有两姓又各自分出一姓，因此成为祝融八姓。芈姓中的一支，从黄河下游，迁移到江汉之间，结合当地的"群蛮"与"百濮"，建立了楚国。楚国在南方不断成长，到了春秋前半，已是足以挑战中原的南方之强。齐桓晋文集结北方诸侯，建立霸权，都是以"尊王攘夷"为口号。此处的"蛮夷"，本来还包括河北的狄人，后来则似乎专指荆楚而言。楚国在南北斗争中，不断壮大，势力范围已涵盖淮河地区，直达长江。南北争战的结果，由于文化及经济交流，战国时代的楚，已与北方的六国列强，合称七雄；楚与六国的会盟，已俨然建构了列国体制，即使孟子还在指斥楚国为南蛮，楚国却早就有了第一批南方的"他者"，成为楚人心目中的"蛮夷"。

　　如前所述，楚国初建，曾与百濮、群蛮结盟。这两个集体名称的族群，都是秦岭—淮河线以南的土著，其分布大致是在大巴山脉的大弧形外侧，包括由汉中谷地迤逦南向，又折向

4　战国时代的列国体制　　33

西南的山林之地，也有一些渗入峡江，与巴人为邻。这些族群，曾一度反楚，经过楚人攻略庸糜，他们遂融入楚国。楚国广大的南方，大致可以分为三个区域。峡江之内的巴人，有其独特的文化传统，逐渐沦为楚人从属，所谓"下里巴人"，已是居住在贫民下里的下层百姓。沿着长江，则是湖泊河流的谷地，也是楚人后方最为膏腴之地，但在这些地区的边缘，还有不少深山大林，榛莽待辟，山林之中的居民，楚人势力还不能控制。这些人则是楚人后方的"蛮夷"。由今日湖南西去，楚国的黔中，其实难以尽到，竟可包括云贵一带汉代所谓"西南夷"诸族群。楚人的扩张未深入西南，战国晚期楚将庄蹻进入云南（见《史记·西南夷列传》），如果为了征战，不应孤军深入；我的猜测，战国七雄争斗，纷纷夺取资源，庄蹻西征，可能为了取得云南的银铜与盐。楚国东南，今日安徽江西，有大批"群舒"族群，他们的原来居地是山东—江苏之间的淮泗流域，据说徐王偃行仁政，三十六郡均臣服于徐。这一传说，当指徐人与群舒，他们由山东苏北南迁，苏南有吴人挡路，遂折入淮南再向南进入今日的江西。在楚国历史上，群舒也是种族处理的"他者"。

长江下游的吴与宁绍沿海的越，都在新石器时代的良渚文化地区，文化渊源不弱，于冶制金属武器，烧制瓷器，均有可观，已如前述。晋国为了制衡楚，在楚人后方扶植吴国，楚国为了制衡吴，在吴国后方扶植了越；吴越能够迅速发展为挑战中原的强国，不能全靠外来助力，他们本身必已有足够的文化与经济潜力,方能一触即发。吴越两国与浙江福建以至广东东面华南沿海的"百越"[1],其文化关系,究竟如何?尚难有定论。总之,楚国在东南一路的"他者",也不是中原原来的蛮夷,而是经由楚国发展,相伴而引入中国世界边缘的另类"他者"。

秦汉以后,中华世界不断南向扩张,南方山岭中的居民,次第承受中华世界的压力,而在中华世界主流核心的眼中,这些人都是"他者",都是"蛮夷"。一批又一批的"他者"融入了主流,另一批则成为"蛮夷"。南方的这些族群,散处山岭峡谷,地形分割,不能如北方草原民族,易于聚集成为大型群体。由北向南开拓的中国人,又往往挟其组织的优势,夺下了河川湖泊的谷地,地形较为平坦,也较易发展农耕。两者相比,强弱之势,十分明显。于是,中国南向发展过程中,千百年来,罕见南方有效的抵抗。中国文化是农耕为本,南方诸族,也是农耕为业。两者同化融合,并无困难。于是,一波一波,北方中国南向发展,一次又一次,南方族群分别融入中国,不见痕迹。

上述北方与南方,两种类型的发展,在中国历史上,不断重现,其烙印之深,持续之久,堪为东亚地区中华文化体系扩大的典型模式。也是因这一缘故,我在古代部分,多所陈述,但在后世历史部分,不必重复讨论了。

---

[1] 百越,又称百粤,散居于今中国南方不同族群的总称。

5　中国世界的形成

"六王毕，四海一。蜀山兀，阿房出。"杜牧《阿房宫赋》中的开头四句，简短有力地勾勒了从列国到统一的区别。秦统一了当时的"四海"之内的天下，从此"中国"具备了实质的意义。《史记·货殖列传》列举了各地的特产，总结为"皆中国人民所喜好，谣俗被服饮食奉生送死之具也"。此处"中国人民"俨然是属于同一文化的族群，而以"中国"两字涵盖了这一文化区域。在《货殖列传》中，司马迁勾画了若干道路系统及居交通贸易枢纽的都会，其覆盖的范围，乃是岭南漠北之间的中国，西面不外关中，南出可到番禺：关中、山东、山西人口繁多，龙门碣石以北，邻接草原；江淮以南则地旷人稀，易于谋生。这一勾画，毋宁以几条道路，连接都会，构成"中国"的本部与其边陲，"中国"之外则不予叙述。这一"中国"的定义，在后世虽然不断扩大，却也始终是"中国"最为核心的地域。

秦人统一中国，是东亚历史的大事；而且，即使在战国时代，秦是西陲大国，对于"中国"西方的外人，秦已是东方广大世界的代表，于是居住在内亚及南亚的其他族群，即以"秦"的谐音，指称东亚大陆这一文化秩序的人民。在后世所谓西域，中国人是"秦"人，又转化为Sina；在印度次大陆，中国则是"支那"，至今依旧有人以此称呼"中国"。而中国特产的瓷器，也因此袭用了China为名，因此，秦虽短祚，留下的影响真的极为久远。

秦始皇统一了天下，普遍设立郡县，将全中国收纳于同一个行政网络。当然，如众周知，战国时代，列国均已分郡设县，以代替分封制度；商鞅改造秦国，即已彻底实行郡县制度。秦国统一天下以后，全国都设郡县，于是"中国"由同一个中心，控制全国于一个庞大的复杂网络，整合了行政、经济、文化、教育及国防，多种功能于一体。

同样在"统一"的理念下，秦代实行书同文、车同轨及统一度量衡，并且修筑全国驿道的道路网络。书同文，中国只有以隶书为主的书写文字，嗣后在隶书基础上，发展为沿用两千年的行书与草书，并且为日本、朝鲜及越南借用，成为全世界使用人数最多的文字系统（英文成为使用最为广泛的书写文字，则是近百年的现象）。这一书写文字系统，因为是视觉符号，遂能超越方言的分歧，有助于中国文化的扩散与延续。

秦代修筑驿道，其主要路线是北部东西向的两条陆路，及河济、淮泗、江汉几条水道，再加上南北向的三条大道，其中两条进入南方，又分歧引向东南及华南沿海，及经过巴蜀引向"南中"的西南夷。这一道路网，在中国历史上，长久沿用，至今的铁道及公路网，万变不离其宗，还是相当程度地沿袭其格局。[1]

秦代规划度量衡，使全国都有同一标准。这一"标准化"的工作，在考古学所见数据，都可见到绩效，当然，遗留至今的秦权秦量，都是具体的实物证据。在秦代遗物的箭镞及瓦当，大小形制都是数千件一致，我们也可觑见秦人工艺产品的"标准化"。秦代官家作坊，出品都列举由工人到各级官员的名字，实是显示工作的责任制。

旁插一点有关的观察，秦代兵器的标准化，可能是秦人能够以武力击败六国的原因之一。战国七雄的军事力量，各有特色，齐人尚技击，魏卒重材武，韩国兵器犀利，荆楚步卒，吴越剑士……均有可观之处。但秦人武库所积，若以"标准化"为特色，则不仅生产迅速，而且诸军配备整齐划一，于训练及补充，都有方便。则秦人之常胜，终于使"六王毕"，即不是偶然了。

秦代文官系统，后来为汉代承袭，是战国法家设计的综合，重要在因能任职，循名赏实，于行政系统中，加了考核的配套功能。汉代又加了甄选人才的考选制度，遂为中国的文官

---

[1] 详见拙著：《汉代中国体系的网络》，收入许倬云等主编：《中国历史论文集》，台北：商务印书馆，1986，第1—28页。

铁权(秦) ◎ 河南博物院藏
权是测定物体重量的衡器,俗称秤砣。铭刻秦始皇二十六年统一度量衡的诏书。

椭量(秦) ◎ 台北故宫博物院藏
量是测定容积的器皿。铭刻秦始皇二十六年统一度量衡的诏书。

体系，奠下规模。从（湖北省云梦）睡虎地及（四川省）青川的秦简资料看，秦代官员的行事，还有相当详细的工作手册，则又是行为的标准化了。这一部分，却是后世中国文官不再能做到的特色。

附带一段：在"余英时先生历史讲座"时，有听众提问，秦代既有如此组织，却何以国祚短暂？我以为，一则秦廷中央，在始皇之后，不再有足以指挥这一复杂系统的能力，于是一切服从中央的大网，即不能运作自如。再则，秦廷使用民力太过，已不是当时人口能够负担。筑长城、驰道、戍北边、征南越、修骊陵……各处征召的人力，及在轮调往返道路的人数，总数当超过三四百万人，还未计算常备军的人数。以当时总人口大约三千万人计算，则已有十分之一以上的人口脱离正常生产，亦即壮年男子半数以上脱产。全国骚然，哪能不乱？从今日考古数据所知，阿房宫的遗址，只是大致完成了建筑的基础工程。那一大片夯土地基上，并没有建筑物，也没有火烧的灰烬，是以阿房宫并未建成。也因此没有"楚人一炬，化为焦土"（杜牧《阿房宫赋》）的痕迹。这一考古数据，也可说明，秦人使用民力过度，已无能力完成预定的工程！杜牧的描述，终究只是想象。但是，逃亡的戍卒，打开了抗秦大战，秦代终于覆亡，杜牧的"戍卒叫，函谷举"，竟还是实在的历史。

秦代国祚只有二世，真正努力铸造帝国结构，其实只有秦始皇一代君臣，他们综合战国许多政治改革的经验，建构了行政网络与交通网络,二者配套,于是奠定了"中国"这文化共同体所寄托的政治共同体。嗣后两千年,"中国"屡乱而不散,实因秦代打下的基础。

6　汉代的中国

汉之为汉,在中国历史上有其特殊的意义。"中国"本部的族群,自称为"汉人",乃是认同于这一时代坚凝的文化共同体。

汉代承袭秦代的基础,于上节所述的行政、道路两个系统上,又加了察举制度,并且运用道路系统的网络,深入少数族群的地区,两者相合,中央与地方之间的联系,可不致疏离。

察举制度,使汉代地方精英,不断进入行政系统,担任郡县政府的掾吏。其中尤为隽异的少数人士,又由地方政府举荐,进入中央政府,先在郎署学习,然后出任中央政府官吏,再外放为别处的地方首长执行中央政令,统治地方。经由这一制度,朝廷不但不断吸收贤能人才,而且时时保持信息的畅通,使文官组织与社会力量,保持密切的联系。

中国地方辽阔,既有干道交通网络,联系各处地方,干道之外,又有分支道路分布,犹如人体的血管与神经网络,联结中国为一体。但是，分支道路之间，总有远乡离村，形成网络中的空隙，信息物资，都难出入。这些隙地，如边陲地区，更多地方土著的少数族群，他们虽已为"中国"族群的行政单位纳入中国版图，却仍是文化的"他者"，也是一国的"内在普罗"。汉代地方行政单位，尤其在边陲地区，常见有"道"之一级（例如青衣道、狄道）。这些由交通网外延的道路，先是贸易的管道，渐渐有中国人民移居，日久人多，即可改制为县，纳入建制的行政系统，其治下人民，也完粮服役，从此与一般国民一样，由"他者"转为中国的"自己人"。[1]

汉代在文化层面，又有董仲舒综合了儒、道、阴阳、五行诸家，组织了"天人感应"的复杂思想体系，将天象、人事与时间轴上的变化，编织了一个多层次，而又彼此互相影响的网络。于是自然宇宙、社会与个人，甚至人的身体，无不在这一庞大秩序的笼罩之下，其普世性与个别性之间，几乎不再有所分别，一切殊相个例，都可在共相通则下存在。"中国"，既由皇朝政府代表，也借这一套无所不包的超越秩序，伸展于无边无际的时空。"中国"的存在，遂更多了一层形而上学的证明。

汉武帝时，皇权高涨，不容许其他权力成为潜在威胁，更因汉与匈奴的战争，必须掌握财源。于是，在"杨可告缗"[2]

---

[1] 见拙著：《汉代中国体系的网络》，收入许倬云等主编：《中国历史论文集》，台北：商务印书馆，1986，第1—28页。
[2] 汉武帝元鼎三年（前114），下令百姓告发偷漏缗钱者，称之为"告缗"，此事由杨可主管，故称"杨可告缗"。

"五星出东方利中国"锦(东汉末至魏晋时期)◎ 出土于尼雅遗址1号墓,新疆维吾尔自治区博物馆藏

"五星出东方利中国"是我国古代的星占用语,同墓所出另一残锦有"讨南羌"织字。织锦体现"天人感应"思想支配下古人求存兴盛的努力,也见出汉晋时期中原王朝与西域地区的密切关系。

告发商人逃税之后,原来在战国至汉初相当发达的工商企业,几乎全为皇权摧毁。农业成为国家生计的根本,农村成为行政网络的末梢,借乡党宗族组织维护主流理念与社会价值。

西汉时,"中国"的概念,经由上述诸种网络系统的叠合与交织,遂凝聚坚实,两千年来长存于历史。皇朝更迭,外族入侵甚至外族统治,"中国"却总是经得起考验,不止一次,倒下了,可以再站起!

汉代的"中国",还是必须面对北方"外在普罗"匈奴的挑战。在前节,我们已经提起,草原上的他者,不易与以农耕文化为立国根本的"中国"相融合。战国时代以来,中国北向扩张,可以农耕的地区,推至北方高纬度的极限,草原游牧生活的空间不足,于是游牧族群结合为庞大的联盟,时时与中国冲突。前汉的匈奴问题,也因此常是朝廷最为关注的大事。武帝一朝,开西域,通西南夷,移民实边……种种措施,莫非围堵匈奴的战略。匈奴终于在资源不足以与中国对抗的劣势下,逐渐萎缩,由对抗的"他者"沦为附属。

另一方面,由于"断匈奴右臂",切断匈奴西向贸易的通道,中国却开通了西域,将西方的"他者"转化为丝道上的伙伴。丝道之利,延续千年,不但致富中国,也致富这一贸易路线上许多族群。至于"西南夷",则是原意绕道南方,以进入西域的错误地理,却歪打正着,也为中国吸取了西南的资源,更由此将这些散居山地的"他者",逐渐纳入中国的版图。

最为重要的"他者",则是经由西域进入中国的佛教。这

—印度的宗教,在西域已由自度的原始佛教转化为度人转世的大乘佛教。在前汉已经渐渐传入中国的佛教,终于成为中国文化必须面对的强大"他者",中国文化的内涵及价值,不得不在与佛教融合过程中,改变了自己,也改变了佛教。

在上述种种吸纳与融合"他者"的过程中,我们不能不提到一些"他者"逃离的现象。一般历史未必注意,在秦汉处理东南沿海的诸种"越人"时,有一些越人,被迁移到北方(例如原在浙江的瓯越,被迁移到淮水流域)。中国侵略的压力下,也许有不少南方沿海的族群,选择了航海逃离中国。目前没有任何文献资料留下,供我们追寻。但是今天研究太平洋南岛语言的专家,几乎已经确认,南岛语言的源头是在台湾,不过,其时间当早于两千余年前。台湾考古学的数据,也显示台湾玉刻的技术,颇与浙江古代玉器制作方法相似![1] 另一桩值得寻思的历史:日本九州岛地区的弥生文化,为日本带来制作青铜的技术。不少九州岛人民的基因,显示与中国东南沿海(由山东到江浙)居民,颇多相同。九州岛大量外来人口移入的时间,也在两千余年前。看来,徐福带领中国童男童女远航的故事,虽未必如日本人比附的遗迹,却也可能只是许多远离的"他者"中之一群。

---

[1] 参见刘益昌:《台湾玉器制造技术与研究方法的初步检讨》,收入许倬云、张忠培主编:《新世纪的考古学——文化、区位、生态的多元互动》,北京:紫禁城出版社,2006,第471—496页。

7 帝国系统的衰变

任何复杂系统,都无时不在变化之中。一个过分稳定的系统,则已不能适应、回应外来的刺激,也已不能适应内在的变化。

汉帝国的复杂系统,已如前述,是每个系统的套叠,其行政、经济、意识形态诸方面,都已发展到相当灵活的互动。本节即陈述这一复杂系统中,各个部分的变化。本节陈述的现象,实是由东汉以下,直到三国、魏晋南北朝,长期衰变,以致分裂的模式。

董仲舒整合的天人感应之说,乃是综合了儒、道、阴阳、五行,建构的宇宙论。在这一超越的理论中,有一隐隐存在的"道",天象人事,无不循"道"的大原则而呼应互动。变动有一定的周期,可以经过观察,预知其变化的消息,董氏门下,深信能通过一超越性的"道",针砭时政,警告人君,指出政权不能永远属于一家一朝。那些自恃知识与道德力量的儒生,不惧君权威重，当然触怒了君权。另一方面，又有王莽这样的人，或以其信仰，或以其权谋，操弄天人感应，造作预言，以为政争的工具。西汉末季，谶纬之说盛行，却也伏下东汉初年的反弹。谶纬作为工具，即是在政治权威之上，又有一层意识形态的权威，约束了君权，当然招人君之大忌。再则，董氏号为大儒，但谶纬之术，造作太多，儒生也会因此深惧"离经叛道"，于是东汉考证训诂之学，即是儒生清理驳杂，以重现经典原貌的努力。

在东汉之时，天人感应的理论系统，可谓已经破产；虽其绪余还有留于中国文化的深层，例如医药、术数诸学。代之兴起的学术主流，一方面是儒家经典研究；另一方面则是儒生重视行为道德，强调为人的志节。儒生憧憬的境界，乃是修己与济世并重，有机会时，澄清天下；不得济世机会，还是做一个俯仰无愧的人。西汉地方察举，着重办事能力；东汉乡举里选，则渐渐转向人格操守。这一转变，遂形成汉代知识分子的特色，终于引发了东汉晚年太学生议论时政及因此而起的党锢之祸。我们可以说，这一转变，遂使意识形态的主流与民间社会精英叠合，亦即思想与社会力两个系统，双股交织，他们又是行政系统人力的储库，于是有相当力量挑战皇权为核心的政治权威。

君权与行政系统，向来不能分割，君权借行政系统治国，行政系统以君权为核心，行使其管理权。汉代君权，自西汉中叶，已有外戚，东汉更有宦寺，都是狐假虎威，以君主近身的地位,取得代行君权的权力。国家的行政系统,与君权之间,因此有合作又对抗的尴尬局面。原为行政系统核心的君权,一旦失去行政系统的信任,即不能再有"核心"的合法性;行政系统失去君权的信任,也难以发挥其治理的功能。于是两个本应相辅相补的部分,因为不断的冲突,冲销了这一系统的整体运作,也在冲突中消耗了国家的各种资源。

当行政系统不少人员质疑系统核心的合法性时,即使皇朝中央常在核心掌权,中国广大众民的地方行政单位则可能逐渐有离心的倾向。东汉乡举里选制度形成了地方的精英;儒家强调的宗族伦理,又使地方精英中,出现了长期把持地方的大族。精英既是由地方小区产生,也代表了社会力量。于是,地方行政权力与中央渐渐脱离,导致汉末及南北朝州郡尾大不掉,又继以三国魏晋的分裂局面——这是行政系统本身出现的衰变,竟解散了全国行政系统的统一。

汉代儒家思想,始终是文化精英的主流,也因此形塑了中国文化中的行为模式及价值取向。然而,早在西汉后半期,佛教已开始传入中国。东汉中叶,佛教已在社会底层大有发展,佛教传布过程中,借用了不少道家的词汇,亦即所谓"格义"。儒道两家,本来有相当严重的差异,儒道并存,而且互补,终究不能完全解决两家的矛盾。东汉后半段,君权与行政系统的对抗,国政废弛,乱多于治。儒家入世的积极性,对于有些知识分子,已有不足之处,他们遂转向道家,寻求

"孔子见老子"画像石(东汉)◎ 山东嘉祥出土,山东博物馆藏

画像表现了"孔子拜见老子"与"孔子师项橐"的历史典故,为儒道思想之关系提供了历史信息。

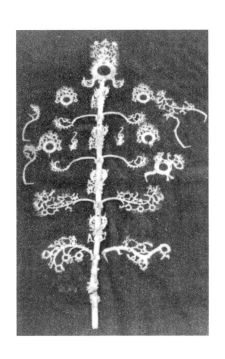

摇钱树枝佛像（东汉） ◎ 四川绵阳安县崖墓出土

由底座、树干和树枝三部分组成，底座为泥质红陶，树干和树枝均为青铜铸造。树干中央铸佛像，共5座。枝叶上有灵兽、飞禽一类的图像，明显带有与神仙信仰相杂糅的特点。（引自何志国等《四川安县文管所收藏的东汉佛像摇钱树》，《文物》2002年第6期）

另一个安身立命之所。于是社会下层的佛教信徒,与社会上层的道家知识分子,两者相合,冲决了儒家主流的地位。在民间,佛教的刺激,也激发了长期潜伏的民间巫术信仰,黄巾、五斗米道……遂糅合中国的自然信仰、巫术、道家的一部分理论,佛教的救赎与一些宗教仪式,融传为道教,作为佛教的本土响应。

这一发展,在社会上层,儒家思想多了一个复活的道家,为其"他者";在社会下层,则多了外来与本土两个"他者",而释道两教,又互为"他者"。从东汉后期以下,中国思想系统的衰变,遂使西汉"独尊儒术"的现象,有了根本性的变化,儒家不再是君权合法性与行政系统价值所寄,东汉以后的中国复杂系统,遂长期难有再予整合的意识形态,竟须到唐宋之时,方整合为另一新径。

在经济系统方面,武帝强力压迫工商,城市作坊与商业经济萎缩,将国家经济基础放在农村,我在拙作《汉代农业》中,指陈人口压力与耕地不足,中国不得不发展精耕细作的农业,工商业不能在城市发展,农舍手工业及农村集市,将农村与产业集散的市镇,组织为全国互通有无的市场网络。这一网络与全国道路的交通网络相合,叠合为信息与人力的上下流转管道。整体言之,农村市集系统,将中国的经济,拴在一个庞大网络上。全国统一时,各处地方经济互通有无,一荣俱荣。中国分裂时,经济网络系统,既能一时退缩为区域性的自存,又时时渗透分裂政权之间的边界,稍济彼此之间的不足。尤其后者，由于趋向最大互利，常常在中国分裂时，发挥修补分裂的功能，终于又可逐渐将分隔的市场网，再度整合为一，也赋予政治再度统一的契机。[1]南北朝之后，中国又再度统一，即是这一过程的完成。

---

[1] 见拙著：*Han Agriculture: The Formation of Early Chinese Agrarian Economy*, *206 B. C.-A. D. 220*, Seattle: University of Washington Press, 1980. 另参拙著：《中国文化的发展过程》，香港：香港中文大学出版社，1992，第23—25页。

8 族群"主"与"客"的转化

前节讨论复杂系统结构的变化,本节则陈述系统中成员身份的变化,尤其"我群"与"他者"之间主客性质的转换。

我们可从大网内部偏缺处及大网未及的边陲两个方面,观察其中种种转变现象。中国复杂系统覆盖的地域广大,道路系统的扩展与延伸,犹如辐射网,由核心外展,近处密,远处疏,其中空隙,大网覆盖不到,这些瓯脱之地,即是模糊地带。在这一模糊地带的居民,从空间而言,虽已在中国大网之内,不但文化、经济与社会方面,与核心地区颇有落差,即使行政权力的网络,虽有郡县的名称,也常有鞭长不及马腹的难处。

西汉的南方,亦即江淮以南,榛莽未曾全辟,列入国家户籍的人口,也并不众多。然而,这些地方,又何尝真是无人居住?那些可称为"原居民"的人口,在汉代常归入"蛮"族。汉人还未大量南移时,政府与原居民,相忘于江湖,两不相属。汉人逐渐南迁,深入山林,压力所至,汉蛮终究难免冲突。另一方面,汉人南移,新开辟的地方,远离地方行政系统,却在主要道路的据点之外,天高皇帝远,他们也乐得不纳税,不应官差。从官方角度看,这些百姓是"化外之民",政府不仅不当他们是开发边地的先锋,还以为他们是不轨之徒。

上述两类中的前者,可以东汉的"五溪蛮"及三国的"山越"为代表。五溪蛮当是古代巴人族属相近的族群,东汉时,他们分布于湖南、湖北地区活动,不过是散居在山涯水角,渔猎之外,刀耕火种,并不是强大武装族群。东汉时,长江以南增加了不少新设的郡县,南移的人口数字也大为增加,显示汉人大量南移。这时候,反对王莽的新市、绿林诸军,均起于今日湖北。一般百姓,可能渡过长江,南迁避乱;汉人迁入南方蛮族居地,双方冲突,遂不可避免。东汉朝廷调动军队征讨南方,由于山崖崎岖、水道纵横,汉军不谙地理;南方潮湿,汉军对于当地的疾病及寄生虫病又完全没有抗体,是以战事极不顺利,甚至东汉名将马援也在战场病倒!这一双方实力悬殊的战争,对汉帝国"我者"而言,竟受困于小小蛮族的"他者"!

南方的"他者",又有三国时的山越。三国之中,吴国后方的腹地颇大,可是面对魏蜀的前线也很长。吴国的核心地区是吴郡会稽,亦即今江浙一带。这些地区的汉人,是吴国主要兵源,吴国总须有足够的兵力,与敌国抗衡,又须有足够的劳力,生产衣食必需品。吴军遂大举侵入长江以南的丘陵地带,搜捕山中的原居民,以其健者"皆为好兵",稍为差些的,仍可能生产。数十年间，吴国驱赶"山越"达数十万人。所谓山越，只是吴人加在当地"他者"的名称，其族群其实相当复杂。[1]稍后的南朝，对于少数民族，有溪洞蛮獠种种名称，明知不能用"山越"一名概括一切族群，这些区分，也未必是对于那些族群有清楚的认识。三国东晋时，南方还有"宗部"一词，史家对这一族群解释，见仁见智，未有定论。其中有一解，以为"宗部"是居住深山的汉人，不受政府约束，以宗族组织，自成社会。若接受这一说法，则原来是"我者"的逃慝之民，竟也成为另一类的"他者"了。

五溪蛮、山越，在汉人强力压迫下，被汉人同化，成为南方汉人，但"宗部"则原来即是汉人，却因长居于官方管不到的山区，竟转化为"他者"，凡此都是国家多重系统所不及的地区，"我者"与"他者"转变的个例。中国南方及西南，地形复杂，许多少数民族散居各处；自汉迄今，族属之多，文化特色之复杂，本来已不易区分，再加上汉人侵略，开拓之处，联结据点，延展至道路网，又将广大腹地，切割为一片一片零碎地区，该处的居民，被隔绝在小地区，汉化程度，各有不同，于是分别形成许多不同的"他者"群体。汉人与他们之间，亲疏远近，敌友迎拒，有不同的关系模式，是以中国南方族属，今日竟有五六十个族群，他们虽为中国的"他者"，却也常有转换变化，由蛮化华，或由华疏远，不能一概而论。

---

[1] 参见拙著：《三国吴地的地方势力》，《求古编》，台北：联经，1982，第561—586页。

国境之外的外族转换，则是第二种形态。匈奴长期是汉人外患，秦筑长城，隔离内外，汉代早期承袭这一政策，以防堵为主。当时的长城，其实不是连续不断的一条城墙，而是一丛一丛的防御工事，所谓障塞，有一定的深度，在工事群之间，也有可以通内外的空间。这些空间之处，胡汉百姓即有贸易；通过这些贸易，两方也多少知道对方消息。武帝时马邑之战，即是由关塞下的商人，设计诱敌。这些交通管道上的居民，胡汉混杂，亦不免有彼此文化的交换，更不用说经济网络的重叠（例如《史记·货殖列传》中的乌氏倮，从"戎王"得到贸易的利益，他自己也经营畜牧事业）。

战争之中，敌对双方，也有彼此学习之处。武帝时代，汉伐匈奴，霍去病的骑兵，远道奔袭，因敌资粮，来去如风，这一战术，即是从匈奴学来。于是汉军之中的骑兵兵种，竟可说已是相当程度的胡化了。三国时，乌桓兴起，曹操击败乌桓，收纳乌桓骑兵。从此曹氏有了号为"天下精骑"的外籍兵团。他们在军伍之中，相处日久，亦会汉化。这两个例证说明战争中的彼此涵化[1]，常有主客转换的现象。

胡汉对抗，中国以和亲与战争的两手策略，对付匈奴，和亲时的交往，双方必有一些因接触而转换的人群。匈奴分裂，南匈奴服属中国，为汉人守边，更是整批地逐渐汉化。匈

---

[1] 涵化（acculturation），指不同文化之间相互接触而导致彼此社会、文化改变的过程。

内蒙古和林格尔东汉壁画墓中室 ◎《宁城护乌桓校尉幕府图》（线描图）
宁城在今河北省张家口市西北，位居长城沿线。东汉建武二十五年（49）辽西乌桓大人郝旦率众归附汉王朝，光武帝刘秀于上谷宁城设置乌桓校尉营府，"并领鲜卑，赏赐质子，岁时互市"。图中对幕府内的设置、活动等都有具体呈现。（引自内蒙古自治区博物馆文物工作队：《和林格尔汉墓壁画》，文物出版社，1978年）

奴衰亡离散，主力西迁，留在中国北疆的残部，纷纷向中国移动。"五胡乱华"时，第一个建国的胡人政权是刘渊。他们即是匈奴，早已迁居今日山西省西北边的美稷等五个汉地县份，那时边地人口不多，匈奴举部移入，与汉人杂居，不难汉化。刘渊自己，即熟谙中国经典，他自己改姓为刘，号为汉室外孙，当然更是公然宣扬自己的汉化了。

中国西疆的羌族，东汉时，颇为边患。汉廷花了不少力气，不能解决羌祸。羌人生活，其实以农耕为主，并不是单纯的游牧民族。羌人也没有复杂的大型组织。羌乱初起，还是由于汉人吏民的欺压，这一现象，说明当时羌地已有不少汉人，已是羌汉杂居的局面。东汉凉州马氏（马超一家），其实力建立于羌人的支持。因此，羌人的逐渐汉化，也是必然的过程。"五胡乱华"，羌氏居五种之二，但苻氏、姚氏的政权，论其性质，其实相当汉化，是以中国西方边陲的"我者"与"他者"，并不截然分别。

本节陈述，不外中国境内与边外，各种原来是"他者"的外族，陆续为中国系统吸纳。汉帝国网络，笼罩广大地区，收揽了许多"他者"，遂使其系统中成分，于扩大过程中日益多样化。凡此身份转换，均是缓慢的长程变化；因此，本节陈述的时代跨度由秦汉帝国盛时，延伸到帝国崩解后的魏晋，甚至也引入南北朝的早期历史。本书专注于变化，因此断代不同于传统的朝代，却常从两个时代的过渡期观察。盼望读者不以为奇怪。

9 "我""他"的大混合

南北朝时期,中国地区及其周边,许多族群迁移,彼此混合,主客形势不断转变,以致这一时期之后,东亚的族群版图,完全与过去不同。

在东汉至西晋之间,中国分裂为三国,每一个政权都吸收了许多异族成分。但是,整盘的变化,则是在西晋的政权覆灭之后。司马氏篡窃取得政权的过程,并不能服人之心,为了稳固政权,西晋分封子弟,各拥重兵,盼望能有护持中央的功能。然而,诸王争夺政权,北方大乱,永嘉南渡,有一些北方大族迁移长江以南,从此即是所谓"五胡乱华"及其后长期的南北分治。

西晋覆亡,乃是政治系统的核心崩解;而东汉之时,地方势力已经尾大不掉,三国鼎立,更具体地拆散了中国政治系统为三个分立的系统,"皇纲解纽"导致全国陷入无政府状态,南方北方都必须重新整合,也各有其从混乱中重建秩序的形态。

先说北方。东汉末时,先有黄巾之乱,北方州郡,均为骚动,继而群雄并起,争夺政权,兵连祸结,村市为墟。那时以前,匈奴已经败亡,族众离散,纷纷移往中国边界。西边羌人,其实从来没有形成部落联盟,更不论匈奴那样的游牧帝国。东汉处理羌人问题,并不成功,战争之中,羌人或叛或服,不少人口却因此迁入中国境内,甚至卷入西方边防军队(如董卓的凉州军),形成武力集团。"五胡"之中,羯是匈奴别种,氐与羌也是同类,这两种异族,也逐渐渗透中国边郡,甚至深入北方的腹地。举例言之,石勒即曾为人掠卖为奴,流落到山东,后来他纠集了十八骑,剽掠地方,他的那些伙伴,也不知族属为何,最可能者,都是流落在中国的外族人士。

因此,除了鲜卑诸部,以其原来的部落组织,集体进入中国境内,"五胡"之中,四个族群,大致都是个别的成员,因不同的机缘,流入中国。是以,当中国陷入无政府状态时,中国边疆上,已有小群的外族,如刘渊的五个匈奴都尉;另有不少的游离的外人,如石勒之例,流亡于各处,或为雇工,或为奴隶,或为兵士,或为盗贼。如果中国北方不是沦为无秩序的局面,以上两个类型的"外人",都会被庞大的中国社会吸收,终于融合于无形。

西晋覆亡,北方大乱,刘渊、石勒之辈,纷纷建立政权,最后还几乎由苻坚控制了北方。苻坚败亡,北方又陷入纷争,然后才有拓跋氏以鲜卑族众,统一群雄,建立北魏政权。

在这一纷争的时期,各个胡人建立的"政权",其实都只是以杂凑的武力,控制一个地区,根本不能算是一个"国家"。这些称王称帝的"胡人",也未必都有大批本族的族众,集合为其武力的主干。他们却往往在自称中国的君主之外,还会另加一个"大单于"的名号。"单于"是匈奴领袖的名称,那些不是匈奴的胡人君主,借用这一称号,不外是把自己当作中国的"他者",以"胡"区分"华"!同时他们又自称皇帝,又毋宁自称为胡汉的两合政权。凡此糅合,正如英国在印度建立殖民政权,用了英国国王与印度皇帝两个称号,其目的在兼具"我者"与"他者"的双重身份,将原来的"他者"转化为"主",而以原来中国的"我者"转化为从属的"客"。

"泛胡"观点,已将各种"胡",针对于中国的"华",合而为同一个"他者"。相对的,汉人冉氏灭赵,大杀胡人,深目多须者,多被杀害。论其体质特点,匈奴可能多须,但并不深目,可知"泛胡"是观念,而不是具体群族。

另一个例子,姚秦崇尚佛教,还颇有其他胡人君主也尊信佛教,他们的理由在于:佛是"胡"人,自己也是胡人,胡人信仰佛教,是理所当然。这种选边站的观念,也是以集体的"他者",当作华人"我者"的相对面,是所谓"他者"的"他者",不是融合,而是对立。

北方的华人,既已丧失了政治系统的庞大网络,遂只能

邑义五百余人造像碑（北魏至东魏）◎ 原石立于河南省淇县浮山封崇寺内，现藏于美国纽约大都会博物馆

北魏造像之风兴盛，民间遂有"邑义"组织，共同协力建造佛像。该碑榜题造像人数众多，其中地位最显赫的"寺主镇东将军林虑太守赫连子悦"，系"五胡十六国"夏国创立者赫连勃勃后代，被认为是此次造碑的发起者。

收缩到坞堡[1]后面的村落小区,以宗族为网络的核心,以儒家礼教维持文化系统,并以此联络其他孤立在胡人政权外面的汉人小区。是以,北方的局面,乃是胡汉两个圈子的错杂混合,胡人在城市,汉人在乡村。汉人掌握了农业生产,胡人政权非得倚重汉人不可。另一方面,胡骑来去如风,坞堡自卫有余,还是必须依赖城镇为据点的市场网络,以为生活用品的集散。这一形势,终于将"胡"与"汉"结合为生存的共同体。

汉人占有文化优势,胡人政权还是不能不罗致汉人知识分子,帮助他们参赞军机、统治国家。王猛一类人物,是苻坚等君主的有力臂助;而汉人的文化网络,以师徒、同门、婚姻、故旧等种种人间伦理,可将血缘组织的宗族,拉扯为无所不届的大网。胡人君主,仰仗几位有地位的汉人贤者,即能获得许多汉人大族的支持。于是,经济与文化两个网络,在战乱稍止、形势稍为安定时,即可将胡汉主客对立的格局,渐渐融合为互利的共存。胡汉之间,也渐互结婚姻,以加强彼此的关系。

北魏鲜卑来自中国东北及北方,他们人数比此前流入中国的杂胡众多,而且还是以部落整体,有组织地攻战征伐。因此,鲜卑进入中国的争夺战,在五胡之中,最为晚起,却很快即掌控了中国北方。从前面所述的格局中,鲜卑也迅速学到了

---

[1] 坞堡,又称坞壁,可以追源于汉代的地方自卫性建筑,特别在战乱、社会不安时期,人民为求自保,筑构坞堡防卫。详细研究见金发根:《永嘉乱后北方的豪族》,台北:中国学术奖助委员会,1964,第74—110页。

与汉人互利的相处之道。孝文帝由平城迁都洛阳，全面汉化，则是贯彻互利共存的政策。在全盘汉化的过程中，胡汉互结婚姻是最为重要的一招。孝文帝以后，胡人改汉姓，汉人大族改胡姓，数度反复，最后还真的模糊消灭了胡汉界限！遂将这一由对立而融合的过程，走到了终点。

即使其中也有反向胡化的转折，例如北边六镇，留在塞北，不但胡人保留胡风，北戍的汉人也彻底胡化。前者如尔朱氏、宇文氏，后者如高氏，均为六镇将领，他们反向取代已经汉化的北魏，竟又有一个时期是化汉为胡，汉儿学讲胡语，便在城上骂汉人！这一插曲，为时不长，不论原为胡人的宇文氏，还是原为汉人的高氏，其政权终究在汉化大势所趋之下，也汉化了，其部属则建立了继起的隋唐。

中国南方，也有主客易位的另一番融合。一方面是永嘉南渡的北方大族，自恃为文化正统，又与司马氏政权一体，原以为仍旧是"中国"系统的核心；到了南方，忽然发现在南方落户生根的大族，已经占尽长江下游吴郡的沃野良田，北方大族不得不在偏远的会稽，求一立足地，主客之争，竟有过三次剧烈斗争，双方才妥协共存。[1] 嗣后，中国文化中心，俨然在南方延续，以致南人视北方为落后的地区，遂使原来的中心与边陲，南北调换了位置。

---

[1] 陈寅恪：《述东晋王导之功业》，《金明馆丛稿初编》，上海：上海古籍出版社，1980，第48—68页。

另一方面,南方原有土著,汉人称他们为"溪洞蛮獠",视之为"他者"。这些土著,其土地为大批南来的北人占去,一步一步退入山岭深处。在居地被汉人聚落及道路切割后,他们分化为许多微弱族群,以致我们至今不能理清他们的族属。经过南朝数百年,这些原是南方主人的土著,却以汉人流民的"他者",逐渐汉化,最后主客混合。至今,深山密箐之中,还存留了后世称为苗、瑶、侗、壮等等仍是汉人"我者"之外的少数民族。

南方地方广大,今日湖南、江西、福建、广东诸地都是吴会核心的边陲。两者之间,也颇为疏离。南渡稍晚的汉人,或者在长江中游南渡的汉人,在南朝始终不能有进入核心的管道。许多南来的"流民帅"都与当地土著的豪强逐渐融合,形成核心以外的另一批"他者"。齐梁以后,南朝不断有内争,核心的力量削弱了。相对而言,边陲地区经过长期开发与经营,实力渐渐增长。各地的地方势力,强大到一定程度,即会挑战核心。陈氏本是偏远地区的豪强,遂于中央积弱时,进兵畿辅,建立了陈朝——这是另一形式的边陲压倒中心,颇可与北方六镇压倒北魏的情形南北对照,可以同案讨论。

中国文化的主流,原是儒家,儒家学者在汉代是行政系统中的主要成分。因此,儒家与政权,常有切割不断的互依关系。南北朝双方的政权,都未能恢复汉代的文官制度,因此儒生虽仍在社会上有一定的地位,在文化上,儒家却失去活力,至多抱残守缺,延一缕香火而已。这时的主流,毋宁是外来的佛教，及与佛教相应的本土宗教——道教。两者之中，佛教尤其兴旺，东来胡僧，西去求法的中国人，纷纷经过北方的丝道及南海的航路，将佛教经典传入中国。鸠摩罗什等胡僧，将佛经译为汉文，至今仍是佛教文献中的巨著。佛教僧侣自由来往于南北，传播教义，也与华人学者交游切磋，他们遂成为当时中国最活跃的文化人士。若以佛教与儒家相比，我们竟可说，外来的佛教，虽然本来是客，却占了主流地位。儒家虽然本来是主，却在讨论的议题上，沦于被动的地位。诸凡空有，神灭与神不灭，宗教与政治的关系（亦即沙门与王者的关系）……无不是佛教的主题，及儒家的回应。这一领域的主客易位，也经历了数百年，至唐宋始有改变。

总之，南北朝数百年间，中国地区的政治文化各个系统，主客我他之间的关系，都有过位置倒易的现象。惟有经济的交换系统，虽因国家分裂，原有全国性的大网，分割为地方性的区域网络，中国精耕农业的农田与农舍产品还是必须经过市场网，方能收最大经济效应。是以，一方面，南北朝出现自然经济，以实物代替货币为交易；[1]另一方面，区域经济网之间，不断突破政治单位的区隔，终于重建了全国性的交易网络，为中国网络的整体性，发挥了修补破裂的功能。

---

[1] 全汉昇：《中古自然经济》，《中国经济史研究》，台北：稻乡出版社，1991，第1—141页。

10　唐代的中国

经过南北朝时代的大混合,隋唐的中国,其内涵的成分及外延的界限,与汉代的中国,已有极大的差别。以家常生活的烹饪譬喻:一锅汤底,加入许多汤料,炖上一段时间,水火既济,这一锅汤已不是汤底与汤料相加的总和,而是完全不同的别样一物!唐代是南北朝整合的结果,中国已是呈现全然与过去不同的面貌。唐之为唐,乃是划时代的:今日"唐人"之称,还存在于海外各处的华埠。唐山,还是旅外华侨对中国的称呼!

这一唐代的中国若是"我者",其四周的"他者",也相应地不同于前。唐代的"他者",以境外而言,已推向边远的内亚与东方的海洋及沿海地区。而且,中国与这些"他者",也有了前所未见的性质。

北朝的晚期,鲜卑几乎完全南迁,融入中国。北方草原上突厥崛起。这一批从今天内蒙古西部山区涌出的族群,善于锻铁，是以武器精良，尤胜于汉代的匈奴。隋唐两代创业君主，以及与之同时并起的群雄，很多曾借重突厥的支持，向突厥低首臣服。这是中国与北方草原政权之间，前所未有的情况。唐太宗统一中国，以中国的实力又压倒突厥，突厥首领奉太宗为"天可汗"。中国统一的朝代，其君主兼有天可汗与中国皇帝两个称号：一方面，这是五胡君主自称大单于与中国皇帝，乃是双元体制的象征；另一方面，"天可汗"之称，毋宁是草原诸族共主的地位。

各族拥戴一个强大部落的首领为诸部联盟的盟主，也是亚洲北部草原上的常事，突厥等族拥戴太宗为天可汗，竟可说是认中国为当时国际社会的一部分，而不是南北对峙的敌人，这一形势，反映了亚洲列国体制的滥觞。中国必须与诸邻共处，即使是诸国之中的盟主！中国不再能自以为是"天下"，"天下"之内，不容许有平等的"他者"，所有"他者"，都不过是将要接受"王化"的"远人"！联盟是许多政权集合的国际社会，其共主有协调与主宰诸国的权力，却不能化诸国为己有。

作为国际社会的盟主，唐代中国担起维持秩序的任务。正如19世纪的英国和20世纪的美国，维持秩序往往只是维持霸权的口号。唐代中国也为此常在国境之外，维持相当的武力。例如，中国安西、北庭等都护府，远远在亚洲内陆（亦即今日阿富汗境内）驻屯大军，朝鲜将军高仙芝，即曾担任这一驻军的司令官。当时那一地区各部落之间，因为有唐军驻防，相对地减少了彼此之间的冲突。唐廷在亚洲内部,设立百余羁縻府州,任命当地酋长、首领,担任这些州府首长,却并不真正干预他们的内部事务。亚洲内部,从今日五个斯坦到阿富汗地区,西到里海和黑海,东到葱岭之下,形成中国的外围。

当伊斯兰教兴起,狂飙席卷西亚、中亚,向北开拓到中国的羁縻府州所在的亚洲内陆。回教阿拔斯王朝(黑衣大食),与高仙芝的唐军交战,公元751年唐军败溃。唐军中的工匠,被俘运到巴格达。他们将造纸、织绸、烧瓷诸种技术,传入伊斯兰世界——这是题外的穿插,却也是中国文化传播的一桩大事。

在东方,朝鲜半岛上,百济、新罗、高句丽三国鼎立,日本又常有侵略朝鲜半岛的野心。隋唐两代曾四征朝鲜,介入这四个国家的纠纷,有一次日本大举侵朝鲜,唐将刘仁轨率军救援,大败日本。在南方海外,真腊、林邑等四国,时有纠纷,唐朝常为排解。

整体说来,唐代中国的四周,固然有服从中国的国家,也有不少国家,独立于"大唐秩序"之外。遥远的波斯与回教帝国大食,当然不在大唐势力图内,却也与中国有直接间接的竞争。近处则北方有突厥,西北方有回纥,西方有吐蕃,西南方有印度、尼泊尔,及后来兴起的南诏,东方有日本,还有东北方的契丹与渤海。与唐代中国相比,汉代中国除了必须面对匈奴,几乎没有可以平起平坐的邻国,而远道的波斯与大秦(罗马),根本没有接触。因此,唐代中国已身在列国体制的国际社会之中，不能再自居为天下之中，更不能自以为中国即是"天下"了。唐室不得不与吐蕃会盟。中唐时，李泌还运用远交近攻策略，整合回纥、大食制衡吐蕃。

中国的内部，虽然当初的五胡，已经消融于中华，不过中国又多了些外来人口，成为内部的"他者"。第一类是陆续由近边外族，流入中国的人口；第二类是外商因为来华贸易，流离中国的胡商蕃客；第三类是整群投奔中国的外族。

第一类人口，是在边境上出入的外族散户，不少是从事边关贸易的商人，更多是投身中国军队的胡兵胡将。以安禄山为例，他是营州杂胡，父亲是突厥，母亲是回纥，通数种语言，曾任边界贸易的通译，后来则投身军旅，逐步升迁至专制一方的节度使，得玄宗信任，一身兼两个节镇，握有东北边防的重兵，遂起兵叛唐，是为"安史之乱"。唐代胡兵蕃将为数不少，前述高仙芝是高丽人，平定安史之乱立功的将领李光弼、仆固怀恩……都是蕃将出身，安禄山与史思明的部将，其以胡兵蕃将为主力，更是理所当然。

第二类外来人口，由西方陆上丝道进入中国的胡商，以西域人为多，粟特语是当时国际贸易的通用语言。他们聚居在商路上的据点，尤其多在丝路终点的长安。考古所见，今日西安颇多这些外商的坟墓，墓志铭常是华文与粟特文双语书写，华姓常以西域国名为姓，如安、石、康……之类。胡商常有"萨宝"的名号，是他们选出、经过中国官方认可的商队首领。这些人口，多信仰祆教、摩尼教等，有自己的宗庙，显然是成

三彩釉陶武官俑(唐) ◎ 陕西西安南郊唐墓出土,西安博物院藏
唐代胡兵蕃将为数不少,这件武官俑正是蕃将的如实写照。

安菩墓志（唐） ◎ 洛阳龙门安菩夫妇墓出土，洛阳博物馆藏

志文记载，安君讳菩，字萨，是西域昭武九姓之一安国大首领的后裔。安国归顺唐朝后，安菩随父来到中原，后被封为"定远将军"，在大唐的定边征战中屡立战功。麟德元年（664）卒于长安金城坊，窆于长安龙首原，其夫人何氏卒后，于景龙三年（709）合葬于洛阳。

群聚居；但是来华日久，长养子孙，也就落户生根，融入中国了。经过海道来华的商人，则以犹太人与阿拉伯人为多，聚居于广州、泉州、扬州诸主要港口，号为胡贾蕃客。黄巢攻打广州时，聚居于蕃坊的外商，有十余万人之多。今日广州与泉州，尚有清真寺的遗迹，泉州郭姓丁姓中，即有阿拉伯人的后裔。

第三类是成群投奔中原的外族。当时伊斯兰势力迅速扩张，阿拔斯王朝（黑衣大食）在中亚内亚，击败不少当地的部落；这些败亡的族群，原来是在唐代中国的势力图内，号为中国的羁縻府州。这些败亡的部族，包括波斯余部、薛延陀、昭武九姓[1]等，各别整族投奔中国。中国将先来的部族安置在今日甘肃、宁夏等空地，来的人数多了，遂不得不安置于陕北、山西等内地。估计在这种情况下迁徙来华的人数，由中唐到晚唐，不下百万之众。

上述三类外族，都可称为唐代中国的"他者"。但是那些外商，只是短期的居民，若长留中国，为数不多，也不能有重大的影响。胡兵蕃将及大量移入中国的外族，却终于留下长久的变化。

"安史之乱"是那些新胡蕃将的"他者"，对于中国的挑战，甚至还可认为是五胡至北朝，长期胡华冲突的延长。这一战

---

[1] 昭武九姓，指康、史、安、曹、石、米、何、火寻和戊地九姓，是南北朝隋唐时期在中国境内粟特人（Sogdiana）及其后裔的统称。

争，唐室大量动员了胡人的兵将，郭子仪的朔方军，兵源与马匹，大量来自西域，尤其回纥为其后盾。李光弼的河东军，是以北边的杂胡为多，仆固怀恩的军队，则以吐蕃为后援。战事到了决定性的阶段，唐室干脆直接延请回纥与吐蕃军队参战，约定收复长安、洛阳两京后，土地归唐，"子女金帛"归由客军处置！这一政策的结果，则是当时中国最精华的地区，成了许多胡人族群的战场，地方残破不堪，人口更丧亡无数！华北从此以后，不曾恢复元气。

上述在"安史之乱"中失去的人口，为数已经不少。中唐以后，吐蕃强大，常常入侵中国，掳掠大量百姓，驱赶入蕃，人数常以万计，以补充其人力之不足。这些外流的人口，则与一批一批外族内迁，形成双向的流动。

自"安史之乱"，开启了唐代藩镇割据的局面。今日河北一省，加上山东大部，都为安史余众盘踞，即使安、史死后，河北诸镇，百姓不知有孔孟，但知尊奉安、史为二圣，是以河北诸镇不啻再度"胡化"，成为中国的"他者"。残唐到五代，河北长为胡人统治。五代的中原，后唐、后晋都是以上述大量迁入中国的外族（沙陀等部）为主力，后汉、后周其实还是这些混合武力的政权。石敬瑭割燕云十六州给契丹后，这一地区前后归属女真与元朝，到明代方回到汉人政权统治。河北脱离汉人的中国，有五百年之久！

文化方面，佛教在华发展极盛，而且因为大量原典，由梵文译成中文，这一文化的"他者"蓄积了巨大的能量，其影响所及,不仅宗教信仰,也在文学、艺术各方面,都有重大冲击。中国文化的"我者",不论儒家,抑是道教,对于这一突然兴起的"他者",也有强烈的反弹。前者如韩愈谏阻朝廷迎接"佛骨"(宪宗元和十四年,819),后者则如唐武宗会昌灭佛(845),实由道士与佛僧辩论宗教理论,引发了政府大规模打击佛教,毁废佛寺,勒令僧尼还俗,佛教称为三武法难中,最为严重的一次。

不过,整体言之,自北朝到唐末,因应外来"他者"的影响,中国人的生活,已有巨大的改变。汉代峨冠博带的服装,变成束腰的唐人衣冠;席地而坐,变成坐椅凭桌,马车之外,骑乘更为常事;音乐多了不少外来乐器与曲调,饮食多了葡萄美酒,也多了面制食品[1]……凡此都是"他者"融入了中国的本来生活之中。梵文的拼音观念,引发了中国用反切代替字母注音,也使诗词的四声与押韵,有了易于遵循的规律。在数学、医药、历算等诸种项目,婆罗门法融入中国原有的学问。当然,我们必须加上:佛教之外,还有祆教、摩尼教、伊斯兰教、犹太教,来到中国,在许多方面,改变了中国人的信仰。

唐代中国,在迎来许多"他者"时,于剧烈的对抗后,又融合了这些外来的"他者";"中国"的内涵,不论政治、文化、种族……都因为有了如此的包容,遂致更为丰富。

---

[1] 参见拙著:《中国中古时期饮食文化的转变》,《许倬云自选集》,上海:上海教育出版社,2002,第245—263页。

11 宋代：列国体制下的中国

残唐、五代，举世扰攘，中国分裂。在北方，五个短暂的朝代更迭；中原以外，南北还有十个号为国家的地方势力，割据一方。这些五代十国的争斗，各处都未稳定，还不能称为列国体制。宋代建国，中国本部有了一个比较安定的政权。

宋代中国，已与过去汉唐格局完全不同。在原来中华帝国的天下，宋只统治了核心部分，在汉唐中国的其他部分，出现了好几个足以与宋抗衡的国家。在今天的河北与内蒙古，是强大的契丹，建立了辽国（907—1125）；后又有同样崛起于东北的女真，取代辽国，建立金国（1115—1234）。在西面，今日内蒙古西部与宁夏、陕北，则是号为唐古特的西夏（1032—1127）；在西藏高原及青海大草原上，曾经盛极一时的吐蕃，虽已衰弱，还是一个大国；在西南，今日云南为主的唐代剑南，六个地方势力合成的南诏，已由大理取代。在华南边疆上，旧日曾为汉唐郡县的交州，已由半独立的交趾转变为独立的安南。更往外围看，西域有高昌回纥，东方有高丽及日本，南方还有真腊（在今柬埔寨境内）与占城（在今越南中部），这两个山国常与交趾（安南）争夺南海霸权。凡此诸国都是宋国的"他者"，而又彼此互为"他者"。中国不再是天下的共主，甚至还不是霸主，中国必须在"列国体制"的格局中，力求自己的独立与自主。

中国面对的四邻之中，辽、金与西夏，毋宁是宋廷最难对付的敌手。失去了河北、陕北及黄河边上的土地，宋国已没有可以养马的牧场；因此，宋国的武力，不能与辽、金、西夏抗争。宋国在疆场上屡次失败，除了以财帛换取和平，其实已别无他策。大量的银与丝帛，以"岁币"的名义，年年送给辽国与西夏，论其价值，其实比年年征战的军费，可能还是比较便宜，而且也不必牺牲将士性命，也不会扰乱平民百姓的生活。

自从澶渊之盟（宋真宗景德元年，1004），辽宋之间，的确有长期的和平。两国也在和平时期，贸易不绝：许多由宋国输出辽夏的商品，辽夏又经由北方丝道，转运到西方，博取厚利；事实上，宋交纳辽夏的丝帛，其实大多也是过手转口的商品！是以，宋国在列国体制中，"我—他"关系，不再是天朝上国，不再是天可汗，而是国际经济网络中，一个重要的环节。

对于南方，南海航道开通，广州、泉州、明州与扬州，在唐代即是国际贸易的港口，蕃舶远通南洋，经过马来半岛南端，进入印度洋——这是远达海运的航路。宋代海运商品，以瓷器为大宗。当时陶瓷产地，遍及南北，海运量大而运费低，是以商贾趋之若鹜。在近处，今日所谓中南半岛及马来半岛上诸处，自古以来，即由中国输入商货；他们也向中国输出当地土产，及转运各种南方的香料。中国在自己消费之外，也将南来香料转运辽、金、西夏，后者又将其中一部分，运销北方及西方的市场。中南半岛上，占城、真腊与交趾（安南）之间，互争南方霸权，目的也是为了经济利益。宋国对于这三个南邻，远交近攻，放任交趾独立，却扶植后者的两个近邻，予以制衡，使得商路不为交趾垄断。凡此现象，无非显示宋国深谙列国体制中的纵横捭阖之道，并不以"上国"身份自居，贪图虚名。

至于西南的大理，远居南服，宋国鞭长莫及。据说宋代开国之初，太祖曾以案头玉斧，在地图上划一界线，不管大渡河以西的事务。这一传说，真伪莫辨。但是，宋国对于西南，的确是持取放任政策。大理扩张西南，经由缅印通道及三江河谷北进草原的藏缅通道，也有一定的陆路转口贸易。宋与大理接壤，北方是巴蜀，南方是湖广，双方和平相处，也对彼此有利。

东北方面，宋国失去了燕云十六州，北方通道为辽金所有，但是日本高丽，仍可经由东海航道，与宋国往来。宋国颇依恃这一条海道，获得北方的马匹。易言之，东北的国际关系，其实也以商务为重。当宋国与金人交战时，中国也没有尝

李公麟《五马图卷》局部（北宋） ◎ 日本东京国立博物馆藏
画西域名马五匹及五位牵马人。前四匹马左侧皆有题款，记录马的来历、马名、年岁、尺寸等。五位牵马人，后两位为汉人，其余三人都是异族人相貌。宋代良马主要通过各种形式的贸易得来；此画题款所记，既有外族贡马，也有"拣中秦马"。

试与高丽联盟，攻金人的后路。

宋代的国际贸易，出口以丝帛瓷器为主，其他工艺品也多外销。南方进口的商品，以香药及宝货为主，北方进口则以皮毛及马匹为多。南北进口货，又都有一部分由中国转运，如香药转运辽与西夏，再运往中亚各处，北来皮毛则转运到日本及南方。当时中国的作坊工业，相当发达，铁器、铜器、漆器，甚至印刷品，都可外销。宋代经济发达，金属货币不够用，必须从日本进口铜斤，从大理进口白银。最后，竟发展了"交子"，其实是一种信用状，则是纸币的滥觞。宋代的国际贸易，较唐代为发达。因此，南宋偏安，却因为有海道贸易，财富竟胜于国家全盛时。整体说来，当时的南北各国，已编织为一个东亚的经济圈，并以这一个互相通商的机制，经由海陆两途，与亚洲内陆、南亚甚至欧洲的经济体相接。

在这样一个列国网络之中，宋国有其自存之道，不过当时人士，还是不能忘情于"天朝上国"的情结，对于北盟契丹，西盟西夏，已常感不平；遂有徽宗朝的败盟挑衅。不料弄巧成拙，除去了契丹，引来了女真。靖康之祸（1126），国家几乎覆灭。南宋一代，恢复故国的意愿及迁就现况的打算，常是和战争议的潜台词。宋代的民族主义思想兴起，北宋还不明显，南宋则已成为清议主调。王夫之的宋论及朱熹的中华正统之论，内涵是列国体制下孕育的国族认同，却又以天朝上国的天下意识为理论的寄托。宋人风气，往往虚骄，却昧于实务，国势不张，不能有唐初之兴盛，又不甘于与别国为伍。上述宋人风气，与这一天朝情结的不得舒展，多少有些关系。

身处列国之中，本来可能取材多方，超越自己。当时四邻的文化与经济情况，却不足以启迪宋国。北宋所在，是中国的中原与南方；靖康南渡，南方已是人文荟萃，精华之区。环视四邻，那些国家的文化资源或经济水平，还不能超过宋国，宋国无法从四邻有所采撷，再加上缅怀旧日光荣的情结，宋代文化遂走了内敛的途径。[1]

当时，辽、夏两国，是最能威胁中国的强邻。辽国据有契丹与中国的河北，兼有游牧与农业经济，也因此有车帐部落与城镇乡聚两种社会形态。在文化方面，辽国尊信佛教，但也依仗儒生在行政系统内服务。辽国文字，有借用汉字造型的契丹大字，也有借用高昌回纥拼音文字创造的契丹小字。所有这些迹象，遂使辽国处处有二元相合的特色，甚至其统治机制，也是设置南北两个枢密院的结构，分别治理北人部落与中国的"投下"等州府。这种形势，没有可以超越中国之处。西夏地方小，局促西陲，百姓是党项羌，统治者是鲜卑拓跋支部，兼有农牧，也是二元拼凑，但又比辽国为不足。西夏文字是借用汉字形声字的原则创造，像部首，又不相同。西夏的文化资源甚为薄弱。辽夏的一些产品，还可能输入中国；他们的佛教，论其水平与规模，不能成为中国可以取汲的资源。

---

[1] 宋代文化内敛的说法，见 James T. C. Liu, *China Turning Inward: Intellectual-Political Changes in the Early Twelfth Century* (Cambridge, MA: Council on East Asian Studies, Harvard University, 1988)。

大理国的内部，比辽夏更为复杂。人民包括许多"西南夷"的族群，散居于山岭地带，高原、湖泊、河谷等各种地形，割裂西南为许多小区域，生态决定了生活方式，全国呈现多元特色。大理的文化，以佛教为主流，却又有藏传（来自吐蕃）、南传及华传三个来源。大理文字，是借梵文创造，但词汇不同。全面言之，大理国的文化、经济，也不足为宋国挹注的资源。

东方日本与高丽，从唐代中国输入文化与工艺，日本文字，是借用汉字偏旁创造的"假名"。高丽则干脆全用汉文为官方文字。两国的文化水平，还只在学习的阶段，当然说不上被宋国采撷。四邻不能有足够的刺激，宋国自问只在武力上有所不足，在别的方面，还没有见贤思齐的对象。

另一方面，宋接续唐代中国，唐代经历的一切，对宋代自然有决定性的影响。唐代佛教鼎盛，引进的佛教资源，十分丰富，佛教融入中国文化，也正在进行，这一工作，尚未完成，会昌法难，佛教损失了成千上万的寺庙与数十万僧侣。全面言之，许多佛教的宗派，从此断绝；纵然经典还在，保留于佛藏，究竟已没有承载其发展与论证工作的宗派人物。宋代的知识分子，在整合释道于儒家，有划时代的贡献。即使北宋的儒家，诸派之间，互相激荡，终于由朱子集其大成，凝聚为体大思精的理学系统。这一成就，诚然是中国思想史上一件划时代的大事。但是，理学整合了儒道佛三家的思想资源，集结为这一完整的体系。

11 宋代：列国体制下的中国

(佚名)《西园雅集图》◎ 台北故宫博物院藏

宋元丰年间（1078—1085），驸马都尉王诜请画家李公麟将自己与友人在别业西园雅集的场景绘于同一画幅之中。此后，西园雅集被后人以绘画、诗词等形式一再勾绘。观苏轼作书、观李公麟作画、观米芾题石、听陈碧虚道长弹阮、听圆通禅师话禅，成为后世表现西园雅集的基本格式，既是文士生活写照，也是儒道释三家合一理念的具体反映。

单一系统凝聚的成果，体系完备，犹如结晶，却也不再有多少伸张与变动的余地。因此，理学独家体系的完成，毋宁是中国思想完成为保守的传统！宋代遂在历史上呈现内向凝聚，不像汉唐的开张堂皇。这是一个完足的系统，其中各个部的彼此调适，已有一定的轨辙可循。如同上述的结晶体，一切都已稳定，却缺少了活力。假如当时，佛教也有足够的资源，各派凝聚为儒家以外的另一宏伟系统，则儒佛有竞争的对手，宋代中国文化应可呈现另一局面，无须等待到明代王阳明心学出现，方打破朱学一株独秀的沉寂及由此而起的僵化。

宋代行政系统，正如历朝相承，仍以君权为核心。宋代的特色，这一行政系统的成员，几乎清一色是科第出身的儒生。文员不能不在行政系统中上升高位，武人也必在文员之外，另属军事系统，而又由文官指挥。这一行政系统，具有高度的同质性，也因此有其团队的认同。宋代君权，用当时的话语，天子与士大夫共天下（文彦博语）！行政系统中的文官，集体而言，足以制约君权。可是，文官系统中，如果有人获得君主信任，常能纠集党羽，长久挟君权以把持政权，宋代权相，北宋王安石、蔡京，南宋秦桧、史弥远、韩侂胄、贾似道……固然，有忠有奸，却都是权相专制行政系统，这一派系外面的士大夫，则或贬或免，不能逃避荼毒。于是，士大夫集团，也为此经常有内部的对立，并不构成具体的力量，以约束君权，更不能因其独特地位，发展独立的韦伯（Max Weber,

1864—1920）理论中专业性的理性统治机制。[1]

宋代创业君主太祖、太宗二兄弟，为了防止再演黄袍加身，对于武将特别压制。他们也不愿见文官以职权演变为制度上的自主，于是称为"差遣"，将文官调离本职，却以原官负责另一职务，遂使宋代文官不成体系，官吏的权力，都是临时派遣，任职者有职无权，有权者又不任此职。

另一方面，地方官，自路以下，一个地区往往有两个互相牵制的官员，一个地方首长，常由三人分掌财政、司法与治安，三人之上，没有一综领的首长。是以地方没有集中的权力，当然地方不会威胁中央。为了避免唐代藩镇割据，因噎废食，宋代的地方完全没有自主之权。

以上两种防弊的方法，导致宋代行政系统近于瘫痪。中央地方之间，不能发挥手之使臂，臂之使指的功能。因此，宋代的儒生，充斥政府，却无法发挥"工具理性"[2]的专业特性。

儒生在行政系统中，失落于这一关节，无法发挥专长，但缙绅在乡里都备受尊敬。地方行政不能有效地治理地方，代之而起的，遂是缙绅大户挟其乡党宗族，蔚为实质掌握资源及领导百姓的地方势力。这一现象，在南宋尤其显著。政

---

[1] 韦伯认为社会统治分为三类：传统型、个人魅力型和法律合理型。现代社会的发展走上法律合理型理性统治方向。

[2] 韦伯认为工具理性是现代社会思考的主要模式，一种行为的理性取决于结果，追求事物的最大功效，而不是动机。

府南渡，中央实力不强，地方的社会势力，更在缙绅大户手上，形成基层的精英地方主义，而且邻近地区的精英，借婚姻、同门等种种关系，编织了互相支持的大族网络，以致地方精英的实际影响力，超过行政体系的公权力。从中央的角度看，核心的君权代表了"我"，末梢的地方小区只是其统治的"他者"，而在宋代，却是地方社会力的"他者"掌握了基层。同时，这一以儒生为主体的缙绅，又挟其儒生身份，俨然是思想正统的化身，更将社会基层力量与意识形态之间，结合两面为一体。

这一结构，虽然不足以治国平天下，于把持乡里则绰绰有余。南宋将亡之时，蒙古大军所至，南宋无法动员全国以抵御外敌，但处处乡兵，为保乡里，纷纷以卵击石，抵抗强敌。

在文化体系方面，儒家占了正统地位，建构道学，消融了释道两家；释道两家却没有力量回应儒家，与之对话争辩。倒是有另一支思想的"他者"，来自中亚的摩尼教，却渗入民间，转化为"吃菜事魔"[1]的民间宗教。方腊之乱（北宋宣和二年〔1120〕，以摩尼教为号召，在今江苏、浙江、安徽、江西等省起事），即是以民间与异端，双重"他者"的结合，对政权与儒家的正面挑战。方腊之乱注定失败，但其教义却在后世中国民间宗教遗留了许多耐人寻思的痕迹。

---

[1]"吃菜事魔"是宋代在江浙、福建等地区流行的民间宗教，一般认为是摩尼教的分支，特点是以吃素供奉魔神。

综合言之，宋代与其承接的唐代，有不少继承之处，例如儒家力量的伸张。宋代终究与唐代大不相同：宋代在列国体制中，已不能有效地自命为天下秩序的核心。其他诸国与宋国，其实不是边陲的外在"他者"，而毋宁是互为他者，共存于同一国际格局之中。宋代君权代表的权力"我者"，与儒家代表的思想"我者"，两个"正统"，结合为宋代的系统。但是两者之间，又是既合作，又对抗的辩证关系。在合作时，儒家实质上垄断了当时的意识形态领域，但也因为独占的优势，难逃结晶体（crystalization）的僵化。在对抗时，儒生在行政系统中受制于君权，但在地方小区，则占领了社会基层。宋代开启的这一形态，于后来的明清秩序，依旧存在，形成近世中国的特性。再以辽、夏、大理、日本、高丽诸处文字与信仰系统言，东亚已有一个文化资源互通的网络。经济方面，也已隐隐有了一个东亚经济圈，两者又都以宋国为转接枢纽。

从这些角度观察，宋代都有文化内敛的现象，整体言之，当时列国体制的影响，却也不限于政治面而已！

12　蒙古的时代

成吉思汗（1162—1227），一代天骄，启动了人类历史上罕见的狂飙。蒙古铁骑，奔驰草原，踏平了无数城镇，建立了旷古未有的庞大帝国。中国，曾经是东亚最大的国家，在蒙古成吉思汗征服的广大疆域中，也不过是位居东方的一片领土，仅有蒙古帝国五分之一而已！

正因为中国只是蒙古的一个部分，蒙古不能算是中国的朝代。忽必烈（即元世祖，1215—1294）统治的地区，包括蒙古、辽、金曾据有的中国北部及南宋，当然是中国传统的疆域所及。中国历史一向以元代为中国的一个朝代，也正因为忽必烈及其子孙，的确是当时中国的君主。在另一方面，明代兴起，驱逐蒙古，重建中华。但是，元朝后代，仍以"北元"[1]、"后元"的名义，统治塞北草原，元朝并未消失。但在中国正

---

[1] 北元是指元朝灭后退居蒙古的残余力量，后在1402年为鞑靼所灭。

(传)刘贯道《元世祖出猎图》局部(元)◎ 台北故宫博物院藏
图中描绘元世祖忽必烈携妻子察必及八位随从外出行猎的场景。八位随从中,可见两名黑人,另有一名掌管猎豹的白人。

统历史，包括专治蒙古史的史家，难得有人认为北元与明廷，其实是另一形式的南北朝。

以当时域外他族的观点言，"中国"并不只是汉族为主体的一个国家。唐末西突厥余部移徙到今日的新疆，建立了喀喇汗国（黑汗国），并合了当地一些族群，成为内亚的大国，当地人称其为"桃花石"。"桃花石"在当时的中原与内亚，意指"中国"（至于为何中国有此别名，至今还未有确解）。契丹的辽国灭亡，耶律大石率领残部西移，也在内亚建立了"西辽"，雄踞一方，号为强国。在宋元之际，亚洲腹地一般人的理解，世上有四个"桃花石"：一个是喀喇汗国，一个是西辽，一个是"秦"，亦即中国北部，一个是"蛮子"，亦即南宋统治的中国南部。马可·波罗（Marco Polo，1254—1324）的游记中，中国的地区，是两个国家，一个是Cathay（契丹的译音），一个是"蛮子"，中国的南部。因此，从遥远的他方看来，"中国"这一观念，与中国人自己理解的含义，两者之间，颇不相同。

从上面所述元朝的定义及外人心目中的中国观念，我们不能用单纯的"中国朝代"界定元朝，甚至不能用中国的"征服王朝"[1]作为元朝的定位。于是，这一节讨论的"我者"与"他者"的相对观念，也更为复杂。

成吉思汗崛起，从依附于强大部落的小部落，陆续兼并

---

[1]"征服王朝"（Dynasties of Conquest）是由魏特夫（Karl A. Wittfogel）提出的一个概念，日本学者相继使用，指辽、金、元、清等数个以武力征服中国的王朝。

草原上的其他族群,这一过程中,因应敌我关系的不断变动,"蒙古"的含义也不断改变。一些旧日的敌人,成为蒙古的一部分后,其关系由"他者"改变为"我群"之一。不但在蒙古形成的过程中,昔日的敌人,转变为今日的同族,在西征南讨时,蒙古的武力,也不仅从蒙古部属中抽调而已。西征花剌子模(花剌子模王朝〔Khwārezm-Shāh Dynasty,1077—1231〕,处于今天中亚和伊朗的王朝)的大军中,有蒙古骑士,也有契丹与女真的降军;在统治中国时,由西域征发的签军,乃是驻戍的重要武力;在征服南宋时,西路绕行四川与云南的军队,颇多西征降服得来的兵马;由华北攻入南方,以及最后追击宋代残余张弘范,统率的武力,基本是华北的汉军。元朝时代,屯军分驻各地的"万户"(达鲁花赤)[1],有不少是汉姓的军人,例如史天泽、张柔,他们并不是蒙古人。当明军北伐时,抵抗最烈的元朝武力是北方的"民军",张(张思道)李(李思齐)诸部,而明太祖十分称赞的奇男子,乃是民军首领之一的王保保![2]

错综复杂的敌我关系,实际上是基于现实的需要:蒙古扩张迅速,自己部落人数太少,不得不吸纳旧日的敌人,补充战力,其形势颇与西周的扩张相似。西周起于岐下,以蕞尔小

---

[1] 达鲁花赤是元朝时代地方最高长官,具有行政和军事的权力。
[2] 《明史·扩廓帖木儿传》载:"一日,大会诸将,问曰:'天下奇男子谁也?'皆对曰:'常遇春将不过万人,横行无敌,真奇男子。'太祖笑曰:'遇春虽人杰,吾得而臣之。吾不能臣王保保,其人奇男子也。'"

国，攻击大邦商，也必须吸纳附近诸族群合作不可。在取得天下以后，分封诸侯，以为藩屏，诸侯率领的武力，除了国人外，大多还有许多商人族群，协助周人镇抚新收的领土。西周与蒙古两个例子的不同处：西周有数百年的国祚，渐渐融合诸族，而蒙古征服迅速，各处宗王存在时间，各地不等。大致言之，还来不及融合诸族。

蒙古族群征服的领土，东至太平洋，西到今日俄国南部，南到印度的北部。成吉思汗西征，大功厥成后，即分封诸子孙。蒙古风俗，幼子留在父亲身边，继承老家的产业，成人的诸子，分别析产，移帐他处放牧。这一风俗，大致也是基于现实。一片牧场的水草资源，有一定的限度，不足以维持繁殖的人口，是以孩子成人了，即须自己寻找新的牧场，维持自己的生活，而幼子稚弱，只能留在老家，随同父母生活。父亲老去，幼子即自然承继了老家的牧地与牲口。

成吉思汗取得中原，中国是农地，不能放牧。其屡次西征，还是志在扩大放牧的土地。他分封诸子为四大汗国，每一汗国都有广大牧地，城镇农村不过是附属品而已。他对于中原，只留下老臣木华黎（蒙古开国功臣，随成吉思汗统一蒙古草原各部），以"国王"的名义，率领四个"万户"，镇守中原，也是负责后勤，以中原财赋，支援西征。后来拖雷没有得到封地，却继承了蒙古与中原，也是幼子接掌老家产业的蒙古习俗。

子弟分领家产是私事，继承部落的领导权是公事。草原上的游牧族群，通常也是随时可以作战的战斗单位。历史上，许多这一类族群，会以"军事民主"的方式，推举材武服众的战士，领导族群。其实，希腊古代有些城邦的民主制度，及日耳曼（Germanic）与条顿部族（Teutons）的选举制与议会制，都是由这种军事民主演化而来。蒙古部落，本来就有推举大汗的忽里台（或译为库里尔台）大会，由诸部首长与大将推选共同拥戴的领袖；成吉思汗击败克烈部、王罕部等部后，即大汗之位，也是经过忽里台的选汗大会，完成了推选的程序。成吉思汗生前，已在诸子之中，选定沉勇宽厚的窝阔台为继承人，这一选择，既不是汉人之立长立嫡制，也不是蒙古人的诸部推选，毋宁是成吉思汗自己从诸子中挑选了四子都能接受的老三，解决长子与次子之间的矛盾。后来选汗大会，主要由宗室诸王共推大汗，忽里台成为诸王派系争位的场合。不但推举大汗的大位，因为宗王争权，而导致兵戎相见的内战，甚至几个汗国的汗位继承，也引起汗国内部及诸汗国之间的斗争。成吉思汗幼子拖雷，继承了蒙古旧地及膏腴的中原与南宋，其后裔忽必烈，以此基业，取得大汗大位，却未经过宗王的推选手续。西方诸汗不服，从此蒙古诸汗之间内战不绝，蒙古实质上已分裂为四五个互不相属的单位。

因此，成吉思汗以后，由于公事与家事之间的模糊，蒙古的统治权，经过两三代，即成为这一庞大帝国的乱源。从网络系统角度言之，成吉思汗的蒙古帝国，从未建构为可以运作的权力分配系统。其后果则是诸汗内斗，战场相争，杀人盈野,不仅蒙古不能凝聚整合,而且处处生灵涂炭,未有宁日。

西周封建诸侯,数代以后,亲情疏远,一样也有斗争。人心贪欲,没有一套规则,权位转移,总难免争夺。西周发展了敬天法祖的伦理,以礼乐规范,遂在当时的华夏世界,保持了数百年还算和平的秩序。

蒙古本来是没有文教的战斗族群,甚至蒙古文字,还是在成吉思汗攻下花剌子模后,由俘囚中的知识分子阔阔出,为蒙古汗国借回鹘文字所创制;忽必烈时藏传佛教高僧八思巴(1235—1280)又以藏文为基础,创制了后世沿用的蒙古文。文字尚且借外人草创,更何况约束规范行为的伦理与思想?蒙古原来的信仰是萨满教(Shamanism),亦即东方相当普遍的巫觋"通灵"民俗信仰,其中并没有所谓超越性的思考。蒙古大帝国横跨欧亚大陆,疆域之内,众多族群所信仰的宗教,几乎涵盖了所有主要的信仰系统:儒、道、佛、藏传佛教、摩尼教、伊斯兰教、犹太教、东正教、也里可温教(基督教聂斯托里教派)……五花八门,不一而足。整体而言,蒙古人相当尊重个人信仰,大汗以下,汗国宗王,以至各地军民长官,各有自己选择的信仰。分别言之,各地区原有的信仰,往往即是该地区汗国的信仰,是以整个蒙古大帝国缺乏一以贯之的伦理规范。而且日久之后,本来没有自己信仰系统的蒙古人,渐渐分别同化于当地的文化。今天在西亚与中亚的蒙古后裔,大都是伊斯兰教徒;在蒙古高原上的蒙古人,大都尊信藏传佛教(喇嘛教);而在汉地的蒙古后裔,改了汉姓,消融于中国之中(举

北京妙应寺白塔 ◎

至元八年（1271）忽必烈敕令在大都一座辽塔的旧迹上重修佛塔，由尼泊尔人阿尼哥主持设计与建造。至元十六年白塔竣工后，又在塔前建"大圣寿万安寺"。此寺规模宏大、殿堂众多，元廷许多重大仪典在此举行。元末殿堂遭雷击焚毁，唯有白塔幸存。明天顺元年（1457）寺院重建，改名"妙应寺"。

例言之，江苏如皋的冒姓，原是蒙古屯戍军人后裔，同化于汉人数百年，明末四公子之一冒辟疆，即是其族人，最近冒姓数百家，于考证其谱系后，集体改为蒙古族）。

各种族群的知识分子，都曾为蒙古帝国借重其文化传统，或为大汗顾问的国师（例如汉人丘处机，藏人八思巴），或为蒙古政权管理财政（例如色目人阿合马，藏人桑哥），元朝政府中，各族都有其人。汉人儒生，只是官吏之中的一部分而已。蒙古诸汗国情形，此处不拟讨论。单以统治中国的元朝政权言，一群官员，专业训练、志趣、理念，各有不同，很难组织成有效率的行政系统。

再加上，元朝的地方管治，通常有体制内的地方行政官员，却又有屯戍的军事单位（例如万户府），也能干涉政务。有些地方更因有宗王贵族的封邑，封君也有权收取赋税，征调民夫。有些地方，又有军阀割据，例如河北山东的汉军元帅们，宛如独立王国。是以元朝的地方政务并不全由中央节制，实际的作业，也未必按照政府规章办事。简言之，元朝政权，并未出现有组织的行政系统。

中国传统的皇朝，儒生出仕，担任公职，留在民间，不论退休的还是未仕的，则是缙绅士大夫。宋代士大夫，逐渐在基层小区扎根，形成能平衡政治权力的社会力。在元朝，虽然也有少数儒生在朝，却还有其他宗教与不同文化背景的僧道、教士等参与政务，儒生人数少，不足以构成强大的力量，于是也不能支持如同宋朝士大夫一样的社会力。从汉代以来，儒生士大夫的力量，虽然有起伏，却从未中断。元朝时代，当是中国历史上，儒生士大夫力量最弱的时代。

相对而言，一些宗教人士，凭借其组织力量，能在地方层次，发挥其服务小区的功能，取代了地方政府，维持地方的治安与社会福利。举例言之，河北山东一带的全真教[1]宫观，在汉军元帅割据的地区，成为小区事务的操作中心。我曾在河北省正定等地亲见当地全真教宫观遗迹及碑碣，其中颇可觑见他们在元朝时代的工作：道路、水利、自卫、教育……这些全真教宫观都有可观的贡献。

按上述诸点，可知蒙古的统治，政权与行政系统，两者都未建构为一定的运作体系。蒙古在各处的政权完全不能主动地掌握全局。蒙古的文化资源浅薄，不足以凝聚融合多元的广土众民。相反的，各地的蒙古统治者，都分别消融在当地文化的族群内。

历史上曾有过一些大帝国，正如蒙古帝国一样，迅速崛起，却不能持久。亚历山大（Alexander the Great, 356—323 B.C.）的马其顿（Macedon, 336—323 B.C.）帝国，在他死后，即分裂为几个国家，亚历山大的功荣，虽然及身而止，但是地中海东岸及中东一带的"泛希腊化"，却是在这些地方留下了深刻的烙印。拿破仑（Napoléon Bonaparte, 1769—1821）的帝

---

[1] 全真教是王喆（又名王重阳）在金朝时期所创的道教新教派，盛于金元时期河北地区。参陈垣：《南宋初河北新道教考》，北京：中华书局，1962。

国，也是倏兴倏灭，然而整个中欧及东欧都受法国大革命的影响，各地纷纷出现民主的民族国家。蒙古铁骑所至，将许多族群与国家，降服为蒙古臣民。蒙古不断扩张，将无数"他者"，收纳于大汗九麾白旗下。蒙古的"自我"群体，应可在扩张过程中，继长增高，日益丰富。然而，历史上竟未见有深远的蒙古烙印，只见蒙古的"自我"，分别消融于许多"他者"之中。

我以为蒙古的发展，不是以"我者"吸纳"他者"，而是类似于化学反应中的触媒剂，将许多曾经接触的因素，引发为互动与交换。蒙古的狂飙，将欧亚大陆联为一体，欧洲、中东与东亚三个自足的世界，经过蒙古的强力干涉，联结于同一格局之内。欧亚大陆上的陆路交通，由东到西，南北有三条平行路线，又有海道，连接了太平洋、印度洋与地中海，马可·波罗的旅程，即是由陆路的北线东行，却由海道绕航回到波斯湾。

在这一大格局内，三个区域的商品，分别运销各处。在美洲大陆尚未纳入世界经济网络时，蒙古征服留下的水陆道路网，无疑已将所谓"旧世界"结合在一个经济网络之中，亦即今日全球化的前奏。

没有这样一个新的跨洲格局，亚洲西部与东部的人口，未必有大批的移动。中国多了许多族属来源复杂的"回民"，他们很多是蒙古从中亚与中东签军或商贾的后代。今日阿富汗与巴基斯坦一带，曾有蒙古西征大军后代的蒙兀儿帝国（Mughal Dynasty，1526—1857）。今天伊斯兰世界，尤其蒙兀儿旧日领土之内,君主称为"汗",也是由东方带进去的名号。

文化的交流方面,蒙古大军将使用火药的知识从中国带往欧洲,又将阿拉伯人石炮的抛石机带回东方。两者合并,成为火炮,世界的战争方式从此进入热武器的境界。

马可·波罗等曾经来过东方的欧洲人,向欧洲的知识分子介绍了东方的事物,欧洲人耳目一新,激发了对西方制度的反省,终于有了启蒙运动。这是西方以"他者"映照"自我"的划时代大事。可惜东方并没有进行类似的反思。

凡此一切,不胜枚举。蒙古大军,摧枯拉朽,在欧亚大陆,激发了巨大的变化。蒙古的"自我",没有凝聚许多"他者"的核心,却促成了这些变化。因此,蒙古飙起的作用,是触媒剂的催化,不是冶炼的熔铸。在催化过程中,许多分散出去的蒙古人,却消融于当地的文化之中,不再记忆,也不再认同蒙古的自我。

13　明代中国

明太祖起身寒微，驱逐元朝，建立明朝，在中国历史上只有刘邦堪与其相比。他创业的口号是"驱逐胡虏，恢复中华"，而且特别着重一反元朝剥削江南，以奉养塞北的政策。因此，朱明初期的"我""他"对立，非常明显。这一分野，无疑是放在族群上的分界线。

明军北伐，追奔逐北，徐达扫平大漠南北，蓝玉直捣捕鱼儿海。[1]但是明太祖似乎以为天限南北，中国不必有草原。于是，明军班师，元朝残余势力并未消灭，北元或后元仍在草原延续甚久，长为明朝边患，到俺答老年，蒙古方才真的向明廷称臣。

明代非常注意边防。徐达督工，修筑长城，自甘肃嘉峪

---

[1] 徐达（1332—1385）、蓝玉（?—1393）二人是推翻元朝的明朝大将。洪武二十六年（1393），明太祖借口蓝玉谋反而诛杀旧臣，史称"蓝玉案"。

关到辽东山海关,长城蜿蜒山谷,连绵不断。今日中外人士常指称万里长城是秦始皇修筑,其实,今天大家所见的长城,是明代的边墙。自西往东,边墙连绵不断,甚至在陡峭的山壁上,还有矮矮的女墙,垂直悬挂,只为了不留一处缺口。万历年间,戚继光[1]在南北海岸线,也修筑边墙,山海关的老龙头伸入海中,山东登莱海滨,也有明城遗迹。福建、浙江的海岸,都是岩岸,戚继光也筑了边墙。

秦汉的长城,其实是一处一处以坞堡障塞及壕沟互相呼应的防御工事,有一定的纵深;彼此之间,也有空旷的瓯脱,内外可以相通。在观念上,长城既是边防,也是双方相接之处。明代连绵不断的边墙,在观念上则是隔绝内外的界限。明军只守边,罕见出关袭击。这一心理,即是"我""他"的绝对隔绝;相对于唐代的"天可汗"观念,明人已经不再自我期许为普世天下的共主。中国只是中国,不是天下世界的中心。

当时的实际情势,也是如此。北边有长城,西边出了河西走廊,新疆哈密以西,还是蒙古若干宗王的大小汗国,明代号令不能到。乌斯藏(西藏)的大小首领,在元朝覆亡后,大都取得明廷颁发的印信,然而他们与北元的关系,由于都尊信喇嘛教,彼此往来密切;他们与明廷之间,朝贡也不很频繁。东北辽东边外,有许多后来称为"满洲"的女真族群,虽有中国颁赐的名衔,其实是独立的部族,颇似唐代的羁縻州府。辽

---

[1] 戚继光(1528—1588),嘉靖至万历年间对抗沿海倭寇的名将。

东边外,颇多汉人移殖居住,其地位是不内不外的模糊地带。这些山海关外的汉人,于满洲崛起后,大多为满洲掳为汉军,跟着满洲人入关征讨。南方的安南(交趾)、暹罗及中南半岛上的小国,都向明廷朝贡不断。然而安南的内乱,明廷曾图干预,却因干预失败,只得睁一眼闭一眼,承认安南国王黎氏篡窃的政权。

在海外,日本已经坐大,时时有意侵略朝鲜半岛,朝鲜政府求援于明廷,中国出兵援朝,击败日本。这是明代惟一可称为东亚霸主的行动。琉球的中山国,有一部分国民是中国迁过去的移民,以朝贡为名,行贸易之实,对于中国十分友好,也承认中国为宗主;然而,中山紧邻日本,日本近,中国远,中山两属于中国与日本,却瞒着中国,不瞒日本!由以上诸事可以观见,明代中国,并不能如同汉唐,执东亚国际的牛耳。

明代有几件涉外的大事:郑和多次下西洋,英宗被蒙古俘虏的土木堡之变,嘉靖东南倭寇之乱,及万历时援朝击退日本。

郑和远航一幕,明廷动机安在,至今难有定论。但当时正是蒙兀儿帝国初起,帖木儿曾有大举攻击中国的计划;嗣后因为帖木儿死亡,遂未发生两个大帝国的大冲突。我以为郑和七次下西洋,终点都在印度西侧的海域;同时,明廷多次派遣使团,结好帖木儿在中国中亚的继承者,明廷又派遣中使探寻由乌斯藏南下印度,及由云南经过缅甸进入印度的途径。看来永乐帝的方略是一方面保持和平,另一方面也搜集信息，准备由南方及海上牵制蒙兀儿帝国。英宗被也先俘虏，赖于谦镇静对付，蒙古送回英宗。[1] 固然明代已经没有北伐的实力，明代也没有改守为攻的打算；明代对北元，似乎只在划疆而守。

嘉靖年间，倭寇骚乱东南，明廷平息倭乱，劳民伤财，颇为费力。这些所谓倭寇，其实有相当成分是中国的海上不法集团，纠结日本九州岛藩侯及无所归属的日本浪人，在中国沿海，进行国际走私。然而，当时朝野，还是认为这些活动是以日本人为主体。万历时，日本丰臣秀吉（1537—1598）在建立了日本国内的霸权后，出兵侵略朝鲜，其实也是他经略中国大计的第一步。明廷未必知道丰臣秀吉的野心及其征服东亚大陆的终极目标，然而中国对于倭乱已有戒心，于是朝鲜求援，中国立刻两次发兵援助朝鲜，抵抗日本。日军败退，丰臣也死了。中朝两国损失不少，两国主将都捐躯阵亡。将倭乱与援朝两事合在一起看，中国是以援朝预防日本再起侵略祸心，乃是以攻为守战略。

这四件大事，都指向一个形势，明代没有建构如同汉唐一样，中国为中心的天下国家，明代时的中国只想安于东亚列国中的大国。

---

[1] 英宗正统十四年（1449）七月，蒙古瓦剌部首领也先率军南下今天河北一带，宦官王振不顾朝臣反对，力主英宗亲征，但兵败退守至土木堡（今河北怀来东南）时，英宗被掳。后也先挟英宗南下，却被兵部尚书于谦击退，与明廷讲和，放回英宗，史称"土木堡之变"。

(佚名)《倭寇图卷》局部(明)ⓒ 日本东京大学史料编纂所藏

《倭寇图卷》是反映明嘉靖年间江浙一带明军与倭寇交战的画卷。卷长5米有余,描述了倭寇船只出场、倭寇登陆、观望形势、劫掠放火(上图)、逃难的人们、海上交战(下图)、捷报、明军出击等场景。(引自须田牧子《〈倭寇图卷〉再考》,《中国国家博物馆馆刊》2011年第2期)

惟有在西南部，今日滇黔地区，明代相当有效地化"他"为"我"，融合了当地的少数族群，与汉人和谐共存。从沐英到沐天波，[1] 沐氏世镇西南，与明代同始同终。西南族群首领，曾接受元朝宣抚使、宣慰使虚衔，事实上都是自治的独立单位。明廷继承了这一传统，土司有十足的自主权力。只是，沐英带去的军队后裔，留在西南，湖广的移民不断，充军西南的贬谪人犯也在西南长养子孙，大多不再还乡。于是汉人人口增加，涵化少数族群的效应遂大为可观。甚至许多土司，会自诩是沐家兵将的后代，忘记了自己的祖源。明代西南的化"他"为"我"，实为唐代以后未见，也为清代在西南实施改土归流[2]政策的条件。

明廷统治中国的行政系统，其中央与地方的关系，与汉代模式相似，而又不相同。明代地方官制，一改宋代的多头领导与元朝的杂乱，其规划颇似汉制。府、州、县的行政机制不差，行省以布政使为主，再有巡按御史职司监察，有事时，则有总督、巡抚综持大权。而且，明代的官吏，除了太祖朝以外，几乎全是科举出身的儒生，有相当的同质性。各地卫所[3]，只

---

[1] 沐英，朱元璋养子，明朝开国即镇守云南。沐天波，乃沐英十一世孙，明末崇祯年间坐镇云南。沐氏世代均在云南，深得当地土司拥戴。
[2] 元明以来，西南少数民族行土司制度，任当地土司管治。清雍正年间，废土司制度，改以中央委派流官管治。
[3] 明代兵制称"卫所制"，由京师到地方，均设卫所，最多处是设在北方长城沿线九个军事重镇，以及山东、广东的海疆边防线。卫所内军户世袭，有战事会被征调出征，理念是以军户屯田养兵。

是世袭军籍的管理单位，因此，明代并没有驻军长官干涉民政的现象。明代的问题，在宦官干政。明成祖以后，君主信任宦官，不论军政、民政单位，常有宦官监军，各地又有直接的宫中派宦官管理的特殊产品的生产（如茶、盐、酒），官家作坊（如织棉、烧瓷……），及特种税赋（如市舶、关津）等诸项单位，这些驻在外地的宦官，经常干扰地方政务。因此，明代统治机制，即因为权力核心的君权，借手宦官，不仅有司礼监公然篡窃了票拟大权[1]，也因为各地宦官的插手，破坏了中央与地方建制的呼应效应。明代地方没有脱离开中央，大概是由于地方没有兵权，遂未出现东汉州部掌握了资源、演变为诸侯割据的现象。[2]

在文化层面，朱子的理学是明代的正统。孟子所说君臣相对定位如"君之视臣如土芥，则臣视君如寇雠"（《孟子·离娄下》），及"诛独夫"不是弑君等理论（《孟子·梁惠王下》），明太祖甚为不满，删节《孟子》章句。朱子理学的人伦纲纪，都正符合专制政权要求的稳定秩序。因此，明代科举的考题及"标准答案"，都是依朱子诠释的理学系统。在科举制约下，儒学的正统，与政治的威权，互相支撑。不但明代如此，清代也承接

---

[1] 明代司礼监负责管理宦官和宫内事务，可说是宦官之首。随着宦官权力日张，本来官员向皇帝上书，先由内阁辅臣处理，称为"票拟"，这个权力也由宦官所夺。
[2] 东汉时期，全国十三州设刺史或州牧，监察地方行政。灵帝时，以重臣任州牧，地方权力遂落入州牧之手，形成东汉末诸侯割据的现象。

这一正统，不因时代转移而有所更易——这是文化领域主流的"我者"。

"正统"本身，即不免僵化，更何况仗政治威权护持的"正统"！在明代，挑战朱子理学的"他者"，是王阳明（1472—1529）发展的心学。朱熹在世时，陆象山即倡异议，以为宇宙在我心，我心即宇宙，而不同意朱学的"道"为绝对的本体。朱陆异同，乃是宋代思想史上的重要公案。王阳明的心学，其实即是陆学的系统化。当朱学正盛时，陈献章（即陈白沙，1428—1500）已提出"宇宙在我"，颇类似陆学的以心为本体。明代晚朝，王学兴盛，而且与佛教禅宗互相渗透，席卷中国的思想界。这一"他者"，成为一时显学，与政权护持的朱学，俨然分庭抗礼。王学传到日本，竟可说是彼邦的主流思想。王学的唯心论，发展至极，遂有反弹。明末黄宗羲（1610—1695）、顾炎武（1613—1682）等人遂提倡实学，以救高谈心性之弊。清代乾嘉的汉学，则是以考证找回经典的原貌，也是对于理学与心学的反弹。

从宋代以来，中国思想史上，浪涛激荡，往来回复，北宋道学之兴，是以儒家吸纳道释，发展为形而上学的思考，扩大了儒家六合（指天地四方）之外存而不论的境界。王安石变法，以其新解，标榜儒家的"外王"传统，以安生民为己任。朱熹的理学，揭出"内圣"的部分，以安顿自己为渐进于"外王"的必要条件。朱子在世时，为当时政权斥为伪学，"伪学"却在明代占了正统的地位，遂有王学挑战朱学，由正统以外的

"他者",夺下了正统的半壁江山。这一发展的大势,可说是中国思想史辩证的过程。

儒学整体而论,纵然有内部的波折,终究是中国思想体系的主流。这一主流,也难免有"他者"挑战。明代的民间信仰,有摩尼教、本土化的明教,再加上民间巫觋信仰,及其取汲儒道释的资源,遂有常为官方统称为"白莲教"的许多民间宗派,如斋教、罗祖教、三阶教等,不一而足。这些教派,教义常常互相渗透,平时结合为民间的集会,又不断借"明王出世""弥勒佛降生"等等救世主来临及历劫的期待,聚众起兵。明清两代民间宗教兴旺,此起彼伏,或分或合,实是反映民间另有一个长时期存在的"他者"思想体系,不但挑战政权,也挑战儒家与上层佛道形成的主流思想。

自从大洋航道开通,天主教传入中国。一般教科书,都会提到耶稣会(Society of Jesus)教士利玛窦(Matteo Ricci,1552—1610)等人,带来了西方思想,却难得有人注意道明会(Order of Preachers)及方济会(Order of Friars Minor)传教士在东南、华南沿海的活动。我们也必须理解,耶稣会士,很多是博学的学者,在介绍西方文化时,常有所选择与规避。为了迎合中国人已有的观念,他们甚至扭曲了天主教的教义,将中国《书经》《诗经》中的上帝,比附天主教的至上至高的独一真神。又如,耶稣会士带来中国的西方天文历算,对于中国的历法影响极大。但是他们不愿介绍太阳中心论的哥白尼(Nicolaus Copernicus,1473—1543)天文学,却只是介绍了迁就地球中心论的第谷（Tycho Brahe，1546—1601）天文学。[1]然而，无论如何，这些西方学者带来的知识，为若干中国知识分子（例如徐光启、方以智）开启了中国知识系统之外的另一片天地。耶稣会士移译基督教教义的偏差，被方济会与道明会的传教士，向教廷告发，终于引发了清代康熙时的礼仪之争。[2]整体言之，耶稣会士引进西方思想，有相当的影响，可是也必须承认其一定程度的局限。

较之宋代，明代的文化活动，扩大到民间，不再限于社会上层的精英，例如戏曲、说唱、民俗艺术等，都颇为蓬勃兴旺，即使在精英文化的层次，也呈现多极性。唐宋文章，大体仍是文以载道，明代的小品散文（如归有光），则是从日常生活发抒性灵。大幅山水的绘画外，明代的扇面、斗方，也像散文，可称为绘事的小品。综合言之，明代的文化生活，多姿多彩，既是从正统形式，开拓了自由，尤其在南方经济发达地区，也反映了一般生活质量的提升。

南北统一，国内秩序基本稳定，明代的全国性交换网络，已经恢复；大洋航路开通，新大陆的白银输入，瓷器、绵帛外

---

[1] 哥白尼的"日心说"是以太阳为中心，所有行星围绕太阳运行。第谷理论则结合托勒密（Ptolemy，约100—170）"地心说"和哥白尼"日心说"，以已知五个行星围绕太阳运行，同时太阳和五个行星又围着地球移动。
[2] 礼仪之争是康熙时期中国与罗马教廷重大的争议，源于道明会传教士指控耶稣会传教士曲解教义，并容许中国教徒祭祖祭孔。1704年，罗马教廷颁令只许使用"天主"一词，又禁止教徒祭祖祭孔，并派使节来华宣旨。康熙遂命令传教士，或留华，或从教廷意旨（但驱逐出境）。这场争议引发康熙在晚年禁止教会在华传教工作。

销中东与欧洲的数量增加，中国南方经济繁荣。中国的经济网络遂与全球网络挂钩。中国不能再自囿于中国，甚至东亚经济，或亚洲经济圈，也已不能自足，一个全球化网络已经跨出了第一步。中国在这一国际网络中，受惠于外贸的长期顺差，却也在国际性海商活动中承受了其中恶劣的一部分：国际走私集团，以日本浪人为主体，加上中国与其他国际海商，亦即历史上"倭寇"的骚扰。无论受惠，抑是蒙受灾害，明代的中国已卷入了全球的经济大网。

总而言之，虽然明代的中国自以为是另一次天下国家，实际上，中国已是列国体制中的一员；中国不能降伏蒙古，还是必须与北元及蒙兀儿帝国周旋，也必须在日本朝鲜之间，以战争与和平，寻求西太平洋的平衡。在东南亚，中国公私参与，都远多于过去的朝代。郑和多次远征，却没有为明廷开拓海上帝国，中国沿海及百姓的海上活动，相当频繁，移居东南亚的人口也不少。中国官方常将这些外移人口视为叛逃的弃民，抓回来惩罚，却没有凭借这些民间活动，建立太平洋霸权。我们曾以"我—他"关系讨论列代内外诸种网络的变化；明代变化的模式，当在唐宋之间，不如唐代开张，也并不像宋代内敛。当时的中国，并不坚持"我者"，也不抗拒"他者"，中国正在学习自存于世界的社会。

14 清朝帝国

满洲八旗入关，征服了中国。清朝帝国其实有两个部分，一个是中国部分，另一个是蒙古与西藏，二者并不互相统属，却是由同一皇室领有。前者的政府，是大清皇帝与六部九卿，十八行省；后者则是满洲大汗与蒙古诸族王公及西藏喇嘛教的诸大寺。因此，清朝政权颇与唐代的情形相似；不过，清朝与蒙藏的关系十分亲密，不像奉唐室为"天可汗"的诸胡，不过是中国的外围。

蒙古的东部诸部，早在清朝入关前，即已与满洲交好，互结婚姻，也参加了满洲与中国之间的战争。但是喀尔喀蒙古与准噶尔蒙古则各自独立。清朝政府花了两三代的经营，借中国的资源为后盾，经过大规模战争，才将西部收服。西部归属后，清朝对待他们的王公，还是如同自己人。满洲对于西藏，则扶植达赖与班禅，建立黄教[1]的神权统治；终有清一代，清

---

[1] 格鲁派又称黄教，是西藏佛教的一个派别，创立于15世纪。

朝皇室对藏僧视同国师，优礼有加。

蒙藏事务，由理藩院及内务府处理，六部九卿无权插手。在河北承德避暑山庄，清朝皇帝接见蒙旗王公及西藏喇嘛，宛如北京以外的另一首都。简言之，清朝视蒙藏为盟友与亲人；中国则是其征服的领土——两者不能同日而语。

中国地区的管理，又分满汉两类。满人属于八旗[1]，由旗主贝勒及各旗都统管辖。八旗都有"包衣"，大都是入关前被掳为奴的辽东汉人。明军投降的兵将及若干投降较早的汉官，则编为汉军八旗。汉军八旗的地位，在满汉之间，但是仍在"旗人"之列，不归汉官管理。中国的百姓，汉人为主体，加上西南各地土司管领的少数民族，占了清朝帝国人口的绝大多数，则以汉官衙门治理。

从以上陈述，清朝帝国的统治机制可分为第一层的两个部分，蒙藏与汉地；前者又分为蒙古与西藏，后者则有满、汉八旗与一般臣民。多元结构之下，满洲皇室的"我者"，面对了多种不同的"他者"，各有其特定的相对关系。这些"他者"，又可能因应情势，转变为"我者"，例如，汉人本是"他者"，在满洲与喀尔喀蒙古作战时，汉人是清朝皇帝的臣民，服役纳粮，支持前线；但在蒙古平定后，蒙人又转化为满洲的自己人，汉人则还是"他者"。又如辽东汉民，被俘为奴，发给有

---

[1] 八旗是满族的社会组织形式，兵民合一，满洲成员皆归入八旗。八旗分别是正黄、正白、正红、正蓝、镶黄、镶白、镶红、镶蓝。

功的八旗兵将，这些编入包衣佐领的汉人，却转变为清朝的家人，又成了"我者"之列。

　　清朝入关时，明思宗（年号崇祯）已自缢煤山死亡，华北是李自成的天下，清朝以入关平乱的名义，未经多少战争，即取得政权。但清朝在进攻中国南方与西南的战事中，汉人前仆后继，激烈抵抗。满洲军队争地争城，也遗下许多杀伐的血债。满汉两个族群之间的对立，三代之后，方逐渐消弭，可是，清代后期，因为清朝政权无能，汉人责备政府，满汉仇恨，死灰复燃。清代将亡之际，满人亲贵，穷途末路，又加强了对于汉人的戒惧之心，满汉界线，十分严峻。是以，满汉我他畛域，积压两百多年，未曾消融。清朝管理这一帝国，也用了两种性质不同的人员管理蒙藏，前者是满员，而且以其与皇室关系亲密及忠诚者为主，可以譬喻为一家之主，依重子弟及忠仆，管理家业。管理汉地，在行政系统的结构，大体沿袭明制，只是在行省的布政、按察与军事首长之上，本来有事才设立的巡抚，逐渐变成常任。巡抚之上，总绾数省，还有总督。清代督抚权重，宛如诸侯。太平天国之乱以前，封疆大吏，满员占了很大比例，也是由于不放心汉员掌权。行政系统的人员，如循明代的规矩，应由科举出身的儒生担任。清代则不然，除了满员常常不论资格出任官职，保举与捐纳也是出仕的途径。因此，清代官吏素质不整齐，行政效率及操守欠佳，都是吏治不良的原因。行政系统，不能具备官僚制度的工具理性。加上清朝皇权，自从努尔哈赤时代,即具有绝对的家长与酋长威权,行政系统遂不能以其工具理性,制衡这一非常强大的君权。明代已是君权专制,清代的君主,独擅威柄,天下臣民,都是奴隶。中国历史上,如此彻底的奴役现象,还不多见。于是士大夫气短,更遑论志节!

中国的士大夫,出仕以前,退休以后,大致以乡居为常态。所谓"耕读传家",其实只是形容儒生来自农村,也回到农村。这些士大夫,身处农村,遂成为小区的精英,也以精英身份,组织与领导小区,形成社会力。在宋代与明代,士大夫代表的社会力,常与政权对抗(例如民间的清议)。

清代的士大夫,在领导社会力的层面,已不如宋明。一则,如上面所述,屈膝绝对威权,积威之下,不易再有自己的气概志节。另一方面,自从明代中叶,中国有长期外贸的顺差,东南华南富庶,都市繁荣,遂使士大夫由乡居迁入城市。士大夫交结官府,在地方事务,仍有发言权及影响力,但难得再有群众基础,聚集足以制衡政治权力的社会力。当然,内地诸区域,受外贸顺差的冲击较浅,都市化也还未出现,则缙绅仍有其领导与组织社区的能力。太平军起,湖南安徽,可以有曾(国藩)左(宗棠)李(鸿章)胡(林翼)等人组织民团,与太平军对抗。在缙绅人口最多的江浙二省,反而不见有同样的组织,当即是由于江浙士绅,都已居住城市,脱离了农村大众。

清朝政权,在内部精英无力挑战时,若是这一政权的核心，亦即皇帝的能力不差，除非有其他因素干扰，则管理系统循常规运作，政权仍能有一定程度的稳定。康雍乾三代，每一朝都有大型征伐，也有相当规模的天然灾害，帝国却号为"盛世"，其故当即在专制政权常常能够维持一时的稳定。

清朝帝国衰败，是由于文化与市场两个系统出了问题。

先说文化系统的问题。清代上层知识分子，经过科举制度的制约，都以朱子理学为正统。这一思想体系强调君臣父子伦理，正合专制稳定秩序的需要。王阳明的心学，在清代已不再有强劲的发展。清代儒生，以汉学矫正宋学，颇着力于清理儒家经典，乾嘉考证之学，因此成为清代学术主流。然而考证训诂，不涉义理，未能满足人心对于价值的探索。当朱子理学长期占了儒家正统，竟已结晶而难以调整改变时，不愿自囿于僵化的人士，即不得不转向正统以外。

清代儒家，在乾嘉考据之学外，有一批人士在今文学派找出路（例如庄存与、刘逢禄、廖平，以至后来的康有为），他们提倡通经致用，以"三世"[1]之说，标志时代会改变，而改革是自古以来都有的事，甚至孔子本人即是改革家。[2]

社会底层的人士，则借民间宗教，揭示劫数将至，世界将有大变。乾嘉白莲教，上承摩尼教，又吸收了儒道佛诸家的

---

[1] "三世"指的是公羊三世说，称为"据乱世""升平世"和"太平世"，公羊学派认为历史是根据三世演进，由乱世经过小康，迈向大同。
[2] 详尽说法，见康有为所写《孔子改制考》。

若干观念,意图以武力革命改变世界。[1]另有一些不主张武力革命的人士,则致力于糅合儒道佛,发展三教合一的信仰。

太平天国(1851—1864)的武装革命,一方面是汉人的反满运动,另一方面又是社会底层与边陲反抗上层,其思想宗旨,采撷了中国民间求平求均的朴素社会主义及基督教的救赎与救世主观念。在三个方面,太平天国运动,都是以"他者"反扑优势的正统。

这些反对正统的观念,存在于儒生,也存在于市井小民及农村,各以不同的形式与组织,挑战与专制皇权相表里的正统思想。到了19世纪晚期,外来的民族与民权思想引进中国,遂有了孙中山(1866—1925)等人领导的现代革命运动,终于颠覆了清朝政权,结束了两千年的皇帝制度。

文化与思想层次的诸种反正统运动,其实与当时经济层面的变化,息息相应。清朝时代的市场网,已如前述,承接了明代中叶以后的外贸顺差,继长增高,在清代前半叶,曾经相当繁盛。清朝政权稳定后,中国内部基本上也还安定。于是各区域间的商业交流,曾经十分畅顺。山西票号[2]与徽州商人的成功,都反映了这一庞大的市场网,的确需要有帮助货币流转

---

[1] 从乾隆末到嘉庆初的十年间,在河南、湖北、四川、陕西等地爆发以白莲教为首的叛乱,史称"川楚白莲教之乱"。参见拙著:《万古江河:中国历史文化的转折与开展》,香港:中华书局,2006,第360—363页。

[2] 票号是经营汇兑业务的钱庄,主要是由山西人经营,称"山西票号"。见拙著:《万古江河:中国历史文化的转折与开展》,香港:中华书局,2006,第376—379页。

的汇通机制。自16世纪以来，大量的白银输入中国，更滋养了清代前半叶的经济成长。

在道光以后，英人以输入鸦片，逆转了中国外贸的顺差。19世纪，西方机器制造的商品输入中国，中国的农舍手工业一蹶不振。太平天国战争，及多次对外战争，中国元气大伤。繁荣的本土经济，以农村为生产地，也以农村为市场。当农村衰敝时，又因外来商品在港口及沿海城镇发展了城市经济，而新兴城镇是外联的，与腹地农村脱节，原本完整的庞大市场网络，竟为之碎裂！原本互相依赖的城市与乡村，竟转变为彼此对立！这一巨大的变化，使城乡之间，互为"他者"，隔绝了百年之久！

以上陈述的种种变化，个中缘故，有内在的因素，也有外在的因素。清朝政权与文化正统的僵化，是中国失去调适能力的内在因素。更须注意之处，则是"全球化"浪潮，排闼而来，冲决了中国的所有内建系统。

清朝早期的外围，在东面是友好的朝鲜，与闭关锁国的日本；在南面是中南半岛及东南亚诸国；在西北两面，西藏、喀尔喀、准噶尔，都已纳入帝国圈内。只有遥远的俄罗斯，正在东向扩展，也被挡住了。从清朝帝国的宝座上瞭望，四面并无足以挑战"我者"的"他者"，于是对于那些远方的他者，中国远来近悦政策，似乎已经足以对付。于是，康熙可以安心地面对耶稣会士制作的"万国舆图"（即当时世界地图），在"盛世"的中国，派人访问俄罗斯，接纳俄罗斯的商队与英吉利的贡使，都以为安抚外夷向化的好意，无损于皇家的尊严。中国

广州佚名画家绘黄埔港（19世纪30年代）◎ 广东省博物馆藏

1757—1842年的"一口通商"时代，黄埔港成为中国对外贸易的唯一港口。西方商船来华贸易需先在澳门领取牌照，经由中国的引水员带入虎门进行船只丈量，再进入黄埔港停泊并交纳相关税收。在此"港口风光画"中，可见河道上碇泊着英国、美国、法国等国商船，中式舢板船穿梭其间，往来于省城，装卸货物。

的"我",强大与开化,足以包容这些"远夷""他者"。

鸦片战争起,洋船火炮,惊醒了中国,经过几次挫败,中国才了解,这些"外夷",不容轻视。从此以下,几乎所有的"我""他"关系,都在改变。城市,以至外国的生活方式,不得不学习的科学与技术,以及掌握这些知识的上层知识分子,忽然都成了优势的他者;而由过去一切,原本优游自在的"我者":农村、皇权、儒家伦理、习惯的礼仪……竟都沦为弱势。场合颠倒,"我""他"甚至易位,居于优势的"他者",竟由"他"化"我",取得了主位,而将失去适应能力的旧日"我者",推入可以扬弃的"他者"之境。

清朝崛起于白山黑水,与中国历史上的鲜卑、契丹、女真同出一源,四个征服王朝中,清朝最为强盛,不但长期统治中国,而且拥有蒙藏,开拓新疆,其版图所及,界定了今天中国的四界。清朝统治中国的方式,也比前面三族更为汉化。可是,满人的八旗制度,自始至终,划下满汉畛域,终清朝一代,两个族群,明确不同。须在民国建立后,满人迅速放弃原来身份,遂彻底同化于中国。这一"我""他"区别,乃是清朝一代的特征。19世纪以后,遭逢世变,西方力量进入中国,无论满汉,都被西潮席卷。满汉的"我""他",遂为中西的"我""他"压过。同时,中国分化,有沿海—内陆、城市—乡村,及教育高低的区分,形成另一系列的"我"与"他",为中国近代历史留下持久的疏离。这是中国卷入全球巨大网络时,几乎难以躲避的新裂痕。

15　近代的变化

　　以上诸节所论，大致都在"内—外""中央—地方""核心—边陲"这几个方面，中国的文化、经济与政治结构的种种冲突与调节。数千年来，"中国"，这一庞大的复杂系统，在不断的失衡与调整的过程中，不断地改变了内涵的成分，也不断地改变了其周边的界限。

　　但是，无论如何，数千年来，万变不离其宗，中国的发展过程还是有迹可循的。中国在天下国家模式、儒家的主流思想与精神、农业与市场经济诸项因素的规范下，即使有种种变化，都大致在"东亚"这一地理环境内进行。长程的抛物线形，在一定的情况下，只要参与的变量变化不多，抛物线的后段，总还在可以测知的范围之内。不过，任何抛物线，都会有趋势用罄的一刻，不能不折而下降，以至结束。这一衰变，必先有结构僵化的现象出现。当时，若有新的变量参与变化，原来的抛物线会完全改变。

清朝入主中国,即是"中国"历史抛物线衰变出现之时。西方文化、经济与政治力量,又带来了新的变量,以致在"全球化"的前期,中国被卷入另一个巨大变化。于是,从本节开始,我们讨论的主题,不得不作相应的改变。

清朝征服中国,带来了中国历史抛物线的衰变。外族入主中国,清朝不是第一次,前次蒙古征服,其暴力的粗暴,尤甚于清朝。但是蒙古铁蹄,不能践踏中国文化内在动力;元朝时代,久压之下,中国文化蓄积的能量,在明代又现生机。清朝君权专制,明代也有过十分专制的君权。但是,东厂缇骑与廷杖[1]的暴力,并不能使臣下沦为奴才。清朝的征服,使大部分的中国人长久屈服为奴,君臣之伦,降而为主奴!这一精神的践踏,使中国文化精英,在清朝一代,失去了创新的能力。清儒在训诂方面,贡献良多;在义理方面,则几乎空白。

中国边陲挑战,在清代也有了非常的改变,满人怀柔蒙古与西藏,两者都是满洲大汗的私属,不在中国帝国结构之内。经康雍乾三代经营,北方与西北,晏然帖服。清朝皇帝,俨然君临两个帝国,一个是汉土的百姓,一个是草原与高山的牧人。清朝政权,可以执两者之柄,以此制彼。这一形势,在中国历史上,似无先例。外无敌国,内无拂家,是以清朝的统治,空前地稳定。稳定的另一面,即是不再有挑战者加以刺

---

[1] 明代自太祖朱元璋始,在廷上杖打触怒皇帝或犯错朝臣,以作惩罚。

威廉·亚历山大《乾隆皇帝接见英使团》(1793年) ◎ 大英图书馆藏
《平则门（今北京阜成门）》(1799年) ◎ 大英博物馆藏

1793年，乾隆帝在热河接见了英国马戛尔尼使团。威廉·亚历山大作为该使团的绘图员，虽未亲临现场，但根据在场者的口述绘制了一幅水彩速写，记录了马戛尔尼单膝下跪，向乾隆递交英王信件的历史瞬间。马戛尔尼使团对中国进行了多方位的观察，军事、文化、市井民生，均在威廉·亚历山大以中国为主题的系列绘画中有所体现。

激。乾隆一朝，号为清代极盛，也因此是盛极而衰的转折点，中国在自满之余，已不能有自发性的调节了。在精英帖服、边疆安靖之时，内在的普罗，即是惟一可能挑战的力量了。清代盛极一时，白莲教却此起彼伏，处处有人揭竿而起。可是，白莲教及其他社会的"底—边"成分，不能掌握足够的文化与经济资源，遂只能扰乱一时，又潜伏于民间，待时再起。他们既不能在棋盘上争胜，更没有改变棋局规则的可能。

北边与西北的蒙藏，掌握了藏传佛教的文化资源，可谓中国儒家以外的另一抉择。但是，藏传佛教，在清室赋予实质的统治权力后，僧侣（亦即喇嘛）的利益，与清室政权密不能分，这一文化资源遂成为清廷所有，哪能再有挑战的力量？

清室内外均无足以挑战权威的力量，于是举朝晏安嬉乐，自以为太平盛世。英国马戛尔尼（Lord Macartney）使团来华（1793），乾隆君臣均以为是远人朝贡，对于英人要求通商的回答：中国无所不产，不假外求！乾隆的对外态度，与康熙朝殷切寻求国际知识相比，真有天壤之别。道光朝，外患日殷，清廷已不知如何应付，其缘故即在清朝时的中国，原有可以调节的复杂体系，已经完全僵化了。

西潮东来，商品与文化，骑在军舰的炮管上，打进了中国。屡次败刃于疆场，失利于谈判，中国上下都有严重的危机意识。怕事者萎缩，有识之士却不能不设法挽狂澜于既倒。数千年来的棋局，已无法下招，于是必须肆应时势，另筹新的棋局。从19世纪以降，不少人为中国筹谋对策，希望改弦更张，别开生面。这些救沉疴的处方，包括以下诸项：

一、今文学派托古改制，借中国经典，寻找改革的方向，其思想来源是中国文化的求变。

二、坚持中国文化本位，但是模仿西方，则是"中学为体，西学为用"的折中派。

三、学习西方武器及生产工具，仿照西方练兵筹饷，以至搬来西方典章制度的维新派，他们的思想泉源是日本的明治维新。

四、从民间宗教中，另辟蹊径，借用基督教的一些表面形式，动员中国民间力量，全面打开新方向的太平天国革命。

五、以革命行动，建构国族国家体制及民主政权的现代国家，这是孙中山及其国民党的革命。

六、从社会主义立场，不仅建立现代国家，而且纠正资本主义弊病的革命运动，这是共产党的社会革命。

七、从教育、学术方面，推动西化，以至贬斥中国文化的文化革命，这是"五四运动"。

八、救社会革命之弊，改变方向，从经济发展，救中国之积贫积弱，这是国民党在台湾发展经济，及邓小平在大陆改革开放，两者颇有共同之处。

以上八个项目，从中国走向西方的程度，各占了光谱上的一定位置，也在历史的时间轴线，从19世纪一路走向今天。整体言之，代表这八个项目的人士，彼此斥责，互相仇视。然而，在不同的阶段，这些人士为了"中国"的改辙转舵，都各自尽心尽力，此伏彼起。到了今天，经过八次锤炼，"中国"已不再是传统的中国。"中国"竟在几个古老文化体系之中，经历了最大，也可能最为彻底的变化过程。我们甚至可以提问：原来的"中国"是否还存在？

回到本书讨论的主题，内外与主客，这一百多年来，变化之巨，过去的主、客相对关系，竟可谓已完全改观。变化的第一波，也是最为彻底的一波，可能是在经济网络的重组。

数千年来，中国的经济网络是这一区域内部的流通机制，经由一个多层次的道路网，联系农舍乡村、市集、城镇、都市，将各地产品集散转输于其他地区，在这一网络上，城乡之间构成延续体。16世纪，海道开通，大量白银流入中国，中国南部参加了全球的经济网络；北部则相对地留滞在本国固有网络，虽然也分沾了南部的外溢财富，南北经济已是不同形态。南北之间，已经有相当程度的疏离。

19世纪，鸦片输入，接着又是西方近代工业产品大量倾销于中国，中国原来的贸易顺差，完全逆转。于是中国长期经济失血，整个国家陷于贫穷，达百年之久。尤其严重的现象，则是本土经济网络近于瓦解。近代铁道与轮船运输，打散了原来的道路网络，沿海通商口岸，铁道枢纽，及内陆河港，那些新兴都市（如上海、汉口）成为中国外联的据点，也是中国经济失血的管道所在。农村普遍贫穷，尤其内陆与边远地区，甚至仅堪糊口。城乡之间，沿海与内地之间，由相通互济，变为疏离；经济发展的差异，也日益扩大，以致生活方式与生活水平，竟如天壤。

这一形势，引发文化层面的相应变化，都市与沿海地区，生活日趋西化。现代教育及现代经济孕育了西化的文化精英。他们的文化归属，已在西方的主流文化；他们投身的事业，也是希望将中国改造为西方形态的国家。由于城乡已经疏离，他们工作愈有成效，中国愈为裂解为两个部分，不但彼此隔膜，到了20世纪的30年代，城乡之间，已如仇敌。国民党的基地在日趋西化的城市，城市中的西化精英，迅速地改造中国，却将农村拱手让给毛泽东领导的共产党。日本侵华，城市残破，西化精英失去了基地。于是共产党以农村的庞大人口，吞下了正在蜕变的沿海都市。

在这一时期，中国的文化"他—我"，经历了极为吊诡的几度反复。19世纪以来，先是汉人怪罪清朝，反满的口号，形成又一次胡汉分野的"他"与"我"。但是，"满人"事实上已不再是一个可见的族群共同体时，汉人的"我"，相对于西方的"他"，遂扩大为"五族共和"，甚至将古代凝铸华夏共同体观念的炎黄始祖传说，搬来界定一个多族群的中华民族。于是，到了今天，中国的民族主义再度高涨时，却将一个"民族"界定为多民族的复杂组合。

另一方面，坚持中华民族主义的文化精英，一代甚于一代，已几乎完全西化，今天所谓政经与社会的"精英"，甚至已不再能阅读中国文化的原典，也不能欣赏中国文化结晶的诗歌、音乐与艺术。他们坚持的是强烈的民族意识，却没有注意到这一民族认同,既未依托于文化的基础,而"多民族"的复杂性也不再能编造血统与基因的关系。中国的经济与文化,都正在迅速地归属于"全球化"的巨网中,中国却又努力凝铸一个可能是排他的强烈民族意识。同样的轨迹,也出现于台湾的本土意识:台湾的经济已纳入全球网络之中;台湾的历史,四百年来,不断地纠缠于不同文化的叠合。[1]近年来,台湾接受的西方文化,已经无处不见其影响;可是,有相当人数的台湾人民,又全心全力投入铸造"本土化",却又不知这一"本土"意识,除了情绪之外,又何所附丽?

政治方面,本书前面,曾从权力的分配与执行(大致可称为行政系统的运作),讨论政权与社会力量,中央与地方,核心与边陲,诸项的相对互动。凡此项目,在中国皇权与文官制度共构的权力结构,颇有其长期的延续性。19世纪中叶以后,清朝在内忧外患的压力下,这一结构已是左支右绌,难以运作。若干地方首长,运用手边可以掌握的资源,进行改革建设,其实已不在原有权力结构的框架下了。北洋、两江、南洋诸处的"洋务",可称为地方脱离中央,士大夫脱离皇权,已组织了皇权系统以外的权力结构。

前面曾提到清末以至今日,中国有人提出的愿景,康有

---

[1] 具体讨论,参见拙著:《台湾文化发展轨迹》,《许倬云自选集》,上海:上海教育出版社,2002,第302—308页。

为（1858—1927）《大同书》所提的乌托邦，并未有过尝试的机会，观其内容，应是无政府主义的理想，超越国界、族界、阶级……结合了《礼运·大同》章与理想中西方民主的议会政治，熔铸为极为高超的理想社会。他超越国界的结构，实与中国大道流行的理想普世秩序相契。这一乌托邦设计的运作机制，大致应在小区与社群层次。

中国传统皇权，在汉代以后，常与地方士大夫的社会权力，各执一论；但在皇权高张时，社会力量的层次，难以抗衡，以致萎缩不振，而没有地方精英代表社会力量，与皇权相颉颃，则社会底层的秘密社团（包括民间宗教），即可能揭竿而起，以暴力与皇权抗争。

康有为《大同书》的世界，毋宁是集权力基盘放在地方层次的社群共同体。相对的个例，太平天国则是社会底层力量的爆发，太平天国运动，附会基督教的部分，仅是表面的缘饰，毋须重视。太平天国的本质，还是相当传统的民间宗教为号召的底层社会力。这一运动，虽扰攘东南，却从来没有建构为国家，始终以战斗体的组织，掠夺资源，消耗资源。由于太平天国没有真正建国，太平天国的权力结构也就谈不到政权与社会力之间的平衡互补，或中央与地方的权力分配诸课题。不过，太平天国的战斗共同体，有一批广西"老弟兄"为其主力。他们构成了这一运动的内圈，忠心地保卫权力核心的诸王小圈子。是以，即使太平天国这样一个并未成形的权力结构，依旧有其内外两橛的分隔。

太平天国的对手方,是曾、左带领的湘军与后起的淮军。曾国藩以在籍侍郎,无权、无兵、无饷,却登高一呼,组织湖南士绅,编练湘军,与太平天国周旋,终于击败了人数不啻十倍的太平军。

太平天国崛起,清朝节节失利,朝廷为之手足无措。曾氏号召乡勇,是依仗本乡读书人的关系网,召募的乡兵,是地方上士绅以各自在乡党邻里的声望,组织地方小区共同体的力量。湘军十余年的作战,大半是以厘金为财源,即在关卡津渡收取商家的厘捐。湘军组成的基础,是中央政治权力的另一端,亦即地方小区的社会力,他们收取厘金,又是以中国传统国内交通网为基础。当时,前面曾叙述的道路网,还未完全衰败,这次收取厘金,实是在网络残余部分,发挥了最后一次功能。

太平天国平定后,东南各省督抚,均为湘淮军将领担任(如刘坤一),筹饷、练兵、设工厂,一切举措,彼此呼应,俨然小朝廷。这一现象已颠覆了中央与地方之间的主从关系,其形势延续到民国初年的军阀割据,两三代之久,中国近乎没有中央!北洋、南洋、两江、湖广等处推动的洋务建设,所需款项已非"厘金"一项足以肆应。那些建设,都由当事人多方筹措,有的是以官督商办的方式,由民间投资,更多是以"委办"名义,授权愿意出资的人士办事。凡此权宜之计,公私界限,十分模糊,疆吏谋求私利,也是在所难免;民间人士在这一"雷区",栽了跟斗,更是常见。清末建设不少为民间挹注，看来民间蓄积的财富，为数相当可观，却又是国家课税所不能及。当时已有多处商业城市（上海、天津、汉口、广州），华洋杂处，上述的民间财富，大多在这些城市流转。是以，在经济方面，传统以全国市场流动而编织的道路网，已经萎缩，中国经济形态，已经蜕变，以致资金流动与蓄积，都渐渐转向新兴的城市了。

16　国共两党的中国

在此之后,中国这一复杂系统中的主要部分,经济、文化、行政……都已有结构性的变化,于是,嗣后国民党与共产党两次革命,即是另一阶段的全面重组。

孙中山的革命,早期是以"驱逐鞑虏,平均地权"为号召,前者是汉民族的族群主义与华夏文化的本位主义,其实即是明太祖曾经用过的口号。后者也是历史上农民揭竿而起时,常提出的平均主义,两者都是在传统架构下的诉求。因此,孙中山早期革命的群众基础,也无非是秘密会党与华侨社会,在革命后期,他才将群众基础逐渐扩大到新军与留学生,当时最为激进的新起精英。至于"三民主义"与"五权宪法"的理论,则是他在广州时,才建构的整合理论系统。

三民主义中,民族主义已超越了满汉他我之辨,而将重心放在抵抗帝国主义的诉求上。中国的"民族",则以"五族共和"为基础,隐括了今日中国是"多民族"的共同体观念。"多民族"与欧洲单一民族的民族国家观念,其实并不相同。

民权主义,当然是"民有、民治、民享"三语中的民治,亦即今日我们通称的民主政治。这一诉求,最能为人了解。他的五权(行政、立法、司法、监察、考试)都列为政府的治理功能,又将政府的治权,称为"政府有能",与"人民有权"对应为两个范畴。我认为立法权即国民选举代议士,间接行使主权,立法权应与行政权为上游;司法权不是职司民刑诉讼,而是代表国民,持守国家根本大法(宪法),并秉持宪法精神,制定保护国民公私权益的公权力。监察与考试两权,毋宁是孙中山抽出中国传统行政系统中的御史监察与科考取士两项,将这两权力,独立于行政权之外,以督察官吏行为及保证文官的人事独立。五权都在中央层次,中国广土众民,不能不有至少两个层次的地方行政单位,中央与地方如何分权?实际上已涉及政权与社会力(尤其社群与小区的草根性)。孙中山并未有所论述。

民生主义,孙中山认为即是社会主义,并且特别提出节制资本与平均地权两项平行的主张,然而,他对于养老抚幼,救困济弱,诸项还没有具体的主张。20世纪初,欧美资本主义如日中天,资本家剥削劳工的劳力;贫富悬殊,已为许多有识之士注意,共产主义也已在如此环境孕育滋长,孙中山在俄国革命后,也已联共。不过,当时社会福利及社会安保的政策，要在英国费边主义（Fabianism）[1]与美国罗斯福（Franklin Delano Roosevelt，1882—1945）新政[2]之后，方成为共产革命之外的另一抉择。

孙中山在广州开府，局促一隅，号令甚至不能出府门；他的"理想国"，遂只是形之笔墨与讲演。蒋介石北伐，虽没有真正统一中国，至少已能控制长江中下游及东南华南沿海诸省。国民政府建都南京，从北伐到抗战，其间十年，国家虽有割据分裂，但政府据有最为富庶的省份，也掌握了长江与珠江流域的现代都市。这一时期，号为黄金十年，乃是中国于19世纪中叶以后，难得的建设时期。那十年内，中国的教育、交通建设、金融财政、编练军队……均能粗具规模。然而，蒋氏的统一，主要是联合数处地方割据力量，结为同盟，以武力击溃北洋军阀（如吴佩孚、孙传芳），取得全国拥戴的"共主"地位。南京政府的主要支持者是现代都市的财富与人才。从19世纪以来，中国的大都市与中上城镇，在西潮冲击之下，工商业已直接间接地与世界经济接轨，新式教育，由中小学、大学，以至留学外国，均是西方学制与教材的翻版，经过三个世代的发展，20世纪30年代的中国，城乡之间已有文化经济的落差。南京国民政府的官吏及国民党的党员，大半来自城市

---

[1] 费边主义是主张以民主选举方法，使社会从资本主义过渡至社会主义的一种民主社会主义思想。
[2] 罗斯福新政是指罗斯福就任美国第三十二任总统后，在1933至1938年间推行一连串的新经济政策（The New Deal）。

（或是从离开乡土以后，即不再回家），他们与内地及农村的中国本土之间，已经严重疏离。于是，使统治阶层与国民大众，由原来的华洋内外，一翻为现代与传统的分野；"五四"运动，更将文化方面的分野，一刀切割为两块，而且以"现代"为标准，扬弃了本土的另一半。

蒋氏接下了孙氏改造的俄国列宁（Vladimir Ilyich Lenin，1870—1924）式革命政党，南京的国民政府，遂是以党领政，"党"作为决策者，政府仅是执行党定下的理论与政策，而且蒋氏政权，自订为训政，并不行宪，当然不是民主。于是，党员不啻是国家的统治贵族，军队与情报安全系统都必须保卫这一统治群的存在及延续。一国之中，有了统治者共同体，民主政治当然更不能发展。同时，有资产者是政权的资源所寄，国家公权力也就不会为了维护贫弱，而实行民生主义及社会福利了。

当时中国上下坚持的，则是争取中国主权完整的民族主义。那十年内，执政的最大努力，也是维护中国主权，抗战前及全面抵抗日本侵略的八年，为了救亡图存，中国尽其一切努力，坚持到底，只为了争回国格。

蒋氏政府的行政网络、文化与经济三个系统，可说都只建构了上半截，于中央政府，文化精英，及以城市为基础的"现代经济"，能够有所运作。至于广大的农村，众多的农民，还是滞留于传统的农业，均无法掌握。都市中的劳工部分，蒋氏也只能借改造的传统帮会（如青帮），加以控制而已。黄仁宇曾谓，南京国民政府整合中国，只做到了高层机构，黄氏观察甚是。[1]正因为蒋氏政权缺少中国社会的草根阶层，同时于抗战时期，远离沿海城市基地，竟致困顿内地，左支右绌，而且留下了沦陷区广大农村的权力真空，拱手让共产党发展为基地。

共产党的革命，从长程历史观点，毋宁是中国近代史上，一连串变化的一个阶段。我的理解，孙中山联俄联共政策（1924），将国民党改造为列宁式的革命政党，后来蒋介石清党（1927），但还是沿袭了列宁党的若干特质，因此国共两党，毋宁是鲁卫之政，有些血缘的相关处，最主要的特色，即是以党领政，以军卫党，党是政权的核心，党纪约束的党员，是政权的内圈。从江西时代开始，经历长征（1934—1936），到了陕北，以至建国北京，毛泽东（1893—1976）发动了不少运动与斗争，毛泽东的领导地位，定于一尊。他在中共的权力与威望，其实已经超过列宁与斯大林（1879—1953）在俄共的地位。而蒋介石（1887—1975）号为国民党的最高领袖，却还是必须迁就几处地方势力及党内一些派系的平衡。

共产党与国民党最大的差异，则在于建构了掌握广大内地农村的权力机制。在江西时代，共产党还未能充分掌握农村，那是在全面抗战期间，国民政府西撤，其在战线东面的广

---

[1] 黄仁宇：《中国大历史》，台北：联经，1993，第339—359页；及黄仁宇：《从大历史的角度读蒋介石日记》，台北：时报文化，1994，第6—7页。

大农村地区，遂有权力真空。共产党的党与军队，渗透农村，以民族主义号召，建立抗日游击区。于是中共的力量，填补了国民政府本来就未能有效控制的内地乡村。一个一个游击基地，在抗战结束后，连接成广大的中共基地，并以农村包围城市的大战略，包围国民党掌握的城市，终于赢得内战，建立了中国近代史上最能有效控制全国的新政权。共产党动员农村人力物力的效率，的确令人叹为观止，因此黄仁宇认为，共产党成功地建构了控制中国社会下层的机制，相对而言，国民党建构控制上层的机制，本来就根基不固，更何况经过全面抗战八年的消耗，缺乏草根支持的上层，当然兵败如山倒了。[1]

孙中山为中国设计的发展蓝图，原意是移植西方的民主政制，以建立一个独立自主的主权国家，但是，他的"训政"阶段，在其领袖权威形态下，已使民主难以实现。蒋介石的南京政府，建构了统治社会上层的威权政治，毛泽东后期的政治机制，则建构了绝对威权，政治系统以外，不再有其他意识形态共存的系统了。辛亥以来，一个世纪，中国经历了迂回曲折，其实连续而一体。

---

[1] 黄仁宇：《中国大历史》，台北：联经，1993，第339—359页；及黄仁宇：《从大历史的角度读蒋介石日记》，台北：时报文化，1994，第6—7页。

后 论

这本小书讨论的重点是中国历代皇朝的中外关系,我又将中外关系,分别界定为:一、中国与其他国族的互动;二、中国本部与边陲族群的互动;三、中央政权与地方社会的互动;四、社会上层与下层的互动;五、市场经济网络的运作;六、文化学术层面,主流"正统"与"异端"的挑战者之间的互动。这六个系统内部的变动,与六个系统彼此之间的变动,又互相影响;内部的变化,会改变上述诸系统之间的相对功能,以至又牵动那些系统内部的调节与适应。这一涵盖多重系统的复杂组织,呈现为时时刻刻在调节与移位,不断地因为风吹草动,整个系统不能静止。

上述的结构模式,在现代中国,经过孙中山、蒋介石、毛泽东三次连续的推动,蜕变为个人权威,经由独占意识形态解释权,排斥了文化、经济与社会诸种力量的互相平衡。如此一个集权的结构,失去了应有互动而不断调适的能力。绝对的权力,实则即是绝对的僵化。

毛泽东执政的最后阶段,是"文化大革命"(1966—1976)。在这一运动中,一切文化、社会、经济力量,无不偃伏;全国衣同色,言同语,举止划一。所幸邓小平的改革开放,带来惊蛰生机。中国正在复苏之中,但是否真能走向"多元"的彼此扶掖?不能仅仗经济成长,足以导向。

蒋氏迁居台湾,走了不同的途径,蒋经国的改革开放,也由经济的发展启动了各方面的多元化。

至于复杂系统的"内—外""我—他"关系,最重要处,不在族群之间的分合,而在文化价值的认知,中国大陆与台湾,都早已卷入西潮,于是西方文化,已为今日中国人视为主流,"他"已转化为"我",而中国文化本身,竟已遭摒弃。今日,中国文化,不过一缕微烟,即将随风而去。西方主流文化呢?却又未在中国真正生根。今天中国人是在邯郸学步后,匍匐而不能归。

今天的世界,正在融合的过程中。我们已不能回到过去。当前要务,却是如何重新整顿世界文明共同遗产中的这一大片,融入世界未来的共同文化,使其内涵更丰富,更开阔。这是我们必须努力的宏图大业。

补 跋

这一节附录,是补充之前没有交代清楚的一段话。那里提到中国近代史上八个转变的阶段,却未有所说明。为此,借改版的机会,增加这一章。最近全球性的经济恐慌,使我们必须正视:发展了三百年的西方文化,也许已在老化。当此剥复之际,我们应当对于这一俨然主流的"现代文化",认真地再做一番反省。我相信,中国文化中,会有一些可以匡救西方文化缺点的成分。合则双美,离则两伤,将许多非西方文化系统的成分,纳入人类共同文化,应是我们共同的责任。

中国近代史反复转折,经过一个半世纪,中国进入了国际社会,中国文化也将融入世界文化。这一过程,迂回曲折,若从"我者"与"他者"的相对性而言,竟是"我者"与"他者"的调换,将中国原有的文化,化"他"为"我",弃"我"为"他",在中国历史上,毋宁说是仅见的深远变化。

公元 16 世纪,大洋航道开通,欧洲人夺取了美洲,从经济史的意义说,世界全球性的经济网络成形。曾经隔离于欧、亚、非大陆之外的美洲资源,卷入了全球经济网络之内。从文化史的意义说,大洋航道将全球各地,串联成一个互相影响的全球格局。

明代晚期,中国商品外销,吸纳美洲白银,于是东南与华南,经历了长达三百年的贸易顺差,而北方则未蒙外销经济之利。中国内部既有南北经济的落差,南方社会力也因为有了经济基础,颇可自立。同时,朱子学派独占儒家正统的局面,有了阳明学的挑战。另一方面,耶稣会士传入天主教,也带来了西方早期的科学。这几层变动,打破了传统中国的典型:中央主宰地方,政治支配经济,儒家独专一家的局面,都有从一元变为二元(甚至多元)的趋势。上述三个层面的"我者"与"他者",即未必是一刀切开了。

这一中国文化体系的深刻变化,却未能继续发展,引发相当于欧洲启蒙运动的局面。清朝入关,以部落制的专制,奴役中国;皇权专断,使正在萌发的多元,又萎缩为权力的一元。儒家的整理原典与皇权的专制思想,内在与外在的双重压力,扼杀了明代后期苗显的文化生机。天主教的影响,此时还不足以挑战中国的本土思想,而且耶稣会士携来的科学,格于天主教教义的限制,不能传播初试啼声的现代科学。于是,17世纪以后,中国又回到以一元的"我者",排斥可能挑战的"他者"。由于满族本是东北的少数民族,在中国传统观念中,属于蛮夷戎狄的"他者",虽然清朝政权软硬交施,竭力想消除汉人仇满之心，汉人与满人的"我者"与"他者"，却始终隐伏未灭，以致在20世纪的中国革命中，其初起的口号，还是"驱逐鞑虏"。

清朝对于西方，则自居为中华的"我者"，清代早期，对于外面的"他者"，还并不深闭固拒。康熙自己，常常向耶稣会士询问西方的情形，也借西法绘图，制成中国的大地图。中国还曾派人远访俄国，察访西方世界的情形。中俄之间，订立过两国平等的《恰克图条约》，开放国际贸易。经过百年的安定，康雍乾三朝，号为"盛世"。乾隆时的清朝就自满自大。英国马戛尔尼使团来华，目的在建立通商关系，清廷却在接见仪节上，要求英使跪拜，以致英国使团滞留逾年，无功而还。英国使团在华时期，看穿了中国国情，认为不堪一击。数十年后，鸦片战争之后起，即使贤者如林则徐、邓廷桢，对于国际形势与敌方实力，其实所知有限。三元里民团抗英，不过一时的民情激愤，而清廷还以为可以借民气击败英军！当时"我者"与"他者"之间，根本没有对话的可能。

中国近代史，通常以1840年鸦片战争为始点，这次抗争的关键在通商与"进城"，都是以"我者"拒绝"他者"于大门口。中国必须面对新的"他者"。船坚炮利的西方帝国，挟其军事与经济的实力，终于打开大门。面对这批新的夷狄，中国完全失去了过去的文化与经济优势。

接下去的大事，乃是太平天国挑战清廷。太平天国，在种族观念上，是以汉族的"我者"，驱除满族的"他者"；可是又以西方宗教为口号，挑战中国的儒佛道三家，这又是颠倒了"我者"与"他者"的相对地位。太平天国的这一矛盾，当可由人类学"货船现象"解释。

太平洋小岛的居民，在西人货船到埠时，完全不能抵拒，却又意外地得到一些利益，于是，岛民以为，只要模仿西方船只的旗帜服装，就能召来西人的货船。

太平天国袭用基督教的形式，却并不真正知道基督教的教义，更不知西方文化为何物，徒然在汉满的"我—他"与中西的"我—他"之间，造成矛盾，招致儒生的反弹，组织了湘军，保卫中国文化，击败了太平天国。曾、左诸人，严守儒家君臣伦理，不再关注满汉华夏夷狄的"我—他"对立。

另一方面，经过战争的实际经验，那些中兴名臣都认识了西洋武器的厉害，于是，洋务成一时大事。中国在这一场大战之后，"中学为体，西学为用"，"我者"与"他者"之间，第一次有了整合。从此以后，"我—他"的易位，即是一步一步开展，而传统"华—夷"、"汉—满"的内部分野，也逐渐失去了意义。

下一个阶段是维新运动。无论康有为如何将"维新"的思想源头诉诸孔子托古改制，及将《大同书》的源头诉诸公羊学及《礼记·礼运》，参与维新运动诸人，毋宁说是承受了西方政制的影响，也承受了日本明治维新的冲击。这次运动，"中学为体"的口号，又一步淡薄了。中国的"我"，却成为当时保守人物的专用品，因为他们将"维新"贬为"变华为夷"，是大逆不道的改写祖宗制度。

　　这一泾渭分明的对立,又引发了义和团运动。在教育并不十分普及于全民时,大众文化通常只是上层精英文化的稀释形态,其价值系统,大致会经过长期浸润,深入人心,但并不具有反省的机制。义和团运动,靠的正是中国文化长期积淀而深入民间的大众文化。当时,西方文化的先锋,以传教方式,随炮舰而来。基督教的教义与仪节,于中国内陆的乡村百姓,是十分怪异的事物。教堂吸收的早期信众,又颇有人依仗洋人势力,横行乡里。中国北方内陆的乡村,接触洋人较南方沿海为晚,北方农村经济并不十分富足,教堂与若干不肖教民的行为,往往直接伤害了乡民的利益。文化与经济两个方面的冲击,使当时中国北方内陆乡村,从怀疑转变为敌意,终于坚持"我者"的立场,排斥无端入侵的"他者"。他们能够凭借的文化资源,不外从大众文化中吸取,因此撑持"扶清灭洋"的力量,只是民间传说中的英雄,依附在秘密宗教的符咒与法术,冀望自己能有超凡的力量,消灭外来的"他者"。清朝宫廷的权力斗争中,一些守旧亲贵,引义和团为助,更使义和团的团民自以为是。这一运动的失败,对于中国传统的大众文化,乃是"我者"的幻灭;中国上下,从此放弃了自己的传统,对西方的"他者",由畏生敬,"崇洋媚外"之外,只剩下族群意识的坚持。民族主义情绪化,一方面可以长久维持抵抗外侮的决心,另一方面,也可以导致色厉内荏的虚骄。两者都在中国近代史上不断出现。

义和团与反清复明的秘密社团，本有相当渊源，但其反对洋人，又呈现为扶清灭洋。这一转变，在稍后的革命运动，兴中会以"驱逐鞑虏"为号召；民国建立后，却以"五族共和"团结中国诸族。两次运动的认同，都是前后易辙，从传统华夏与夷狄的族群文化认同，转变为中国与共同体的团结认同，其转变的关键，则在于面对了另一个强大的"他者"，原来的文化认同，在文化差异更大的"他者"前，已由矛盾转化为一致。这一转变的过程，在中国历史上，乃是进入了全新的境界。

从洋务运动到国民政府在南京十年的建设，中国逐渐发展了现代的工商业，其规模与当时几个主要的国家相比，诚然十分不足，但在中国内部而言，现代工商业集中的地区，包括铁路、轮船航线，所及诸处，文化与社会，均呈现"都市化"现象，而且居民也趋向于接受西方的生活方式。中国传统的城乡之间，生活方式是有差别，但并不是截然不同的两层。民国以后，中国城乡之间，现代工商业较为发达的都市地区及沿海，则与内陆及乡村形成严重的差异。占去经济与文化资源的前者，相对于内陆与乡村，已是另外一个世界。两者形势的优劣，判然可别。优势的地区，尤其社会的上层，已认同于西方文化；而弱势的内陆与乡村人口，到20世纪中叶，还是在千百年来积淀形成的传统中国。中国已划分为面貌与内容都有严重差异的两个世界，于是，过去华夏—夷狄的"我—他"，已不存在，新的"我—他"对立，竟是涵盖文化、经济与社会诸层面的歧异与对立；优势阶层自诩为"现代"，而弱势人口不满的情绪则日益加深，甚至对于那些优势阶层，有完全陌生的"异化"。

"五四"运动，中国的文化精英选择了完全转向。西方个人主义的自由、民主，与理性主义的现代科学，取代了中国文化传统的伦理，亦即爱有差等的人际关系。科学思考也不再将道德性的"道"与认知性的真理，混为一谈。这一个抉择，从那时到今天，切断了中国现代与传统间的延续。于是中国文化精英的"我者"，毋宁说是普世性的现代世界；中国原有的"我者"，则异化为历史遗留，相对于"现代"，传统乃是"他者"。

20世纪的前三十多年，中国努力进入世界，但是中国太大，人口太多，历史太长久；中国选择了转舵向西，不过是城市与精英的中国在转向，另一个中国，乡村与基层的中国却还是转不过来。

这一自我撕裂的过程，如果没有其他的干扰因素，中国仍有可能终于慢慢全部掉转方向。日本侵略中国，东南及沿海城市都沦陷了。国民政府努力以赴的"现代化"，经过八年抗战，原来建构在都市与精英之上的结构，脱离了植根的土壤。不但八年苦战，民穷财尽，那一个辛苦转向的中国也失血太多，在抗战惨胜时，已是奄奄一息。

另一方面，广大的敌后内地乡村，留在乡间的现代文化资源并不丰厚，也切断了与内迁上层结构的联系。这一大片空白地区,在经济方面,退缩到基本农业与小区域的交换;在社会方面,也回到乡党邻里的集合体,现代文化已无托根之地。中国本来已是一分为二,但还没有分离。八年抗战,中国真的分裂了!那一个先天并不壮硕的城市中国,或是在敌人占领之下,或是离根内迁,难以发展。那一个裂碎为一片一片的乡村中国,则由共产党渗透,在地方集合体的土壤上,以"抗日"口号,诉诸广大中国人民的保乡观念,转化为民族主义,取得了重组中国那一半的机缘。共产党在地方集合体的基础上,建立一个新的集合体,终于将中国改造为统御全民的庞大集合体。这一重新塑造的乡村中国,在国共内战中,压倒了已经为大战摧残的城市中国!这一转变,在共产党统一中国后,中国人的"我者",已由国族认同界定;"他者"则是长期欺压中国的西方。即使同样是社会主义政权统治的苏俄,也只是短暂的友人,终究还是归入"他者"之内。

两三个世代了,抗日的记忆犹新,中国的民族认同感,中国官方与民间共有的情绪,使无数中国人为了"中国",矢志靡它;也使中国执政者,有要求人民牺牲的合法性。巨大的"我者",遂可以将许多归入异类的个人清除改造,不让"五四"取诸西方的"主义",有孕育的机会,以防范那些"他者"余烬,有再燃的机会。

最近三十年的改革开放,中国经济发展的形势,毋宁说是抹去了前面三十年的中断。市场经济的开展,使那一个几乎绝灭的城市中国又复活,而且以无比的动能,扩大及于大片的内陆，也改变了农村的面貌。这一个城市中国，与共产党借此兴起的农村中国，目前正在消长之际，1949年至1978年间的乡村中国，正在让位于今天的城市中国。一旦两者易位，则"我—他"之间，也将有相应的转换。

而在台湾，当年在日本治下，其农村中国的"我者"，已有根本性的变化。国民政府迁台，渐进的土地改革，将农村资源引导进入工商业。1970年以后，台湾经济逐渐起飞，数十年来，城市覆盖了全岛，整个台湾几乎已是一个连续不断的大都会。台湾残留的中国文化，有的部分消失，有的部分正在与西方文化融合。台湾与大陆上的城市中国，其同质性，大于大陆城市与农村之间的关系。

在台湾，"我—他"的对立，在于不少本土居民要求确认自己的主体性，而与坚守中国认同的另一部分人口，有持续不断的斗争。前者与日本占台的影响有密切关系，而后者则与迁台的国民党政权难以切开。于是认同问题与争夺政权，纠缠为台湾内部的对立。从中国文化的角度看，本土论的立论根据十分薄弱，台湾居民的文化根源，依旧是中国文化；族群血统，也绝大多数是闽粤移民的子孙；南岛原居民，只占少数而已。但从历史记忆方面言，台湾居民已有五十年隔离于中国大陆之外，其所经历已与中国大陆居民的记忆，完全不同。因此，台湾本土论者，也有其坚持的立场。西藏与新疆的族群，也有类似的争议，不过，他们的立场，在于强调文化的差异。总之，这一类的"我—他"与主客争议，在全球化的浪潮下，是另一股逆向的潮流，在世界别处，也多有类似的争议，并不只见于中国。整体言之，应是全球化走向"合"的趋势中，难免的枝节，以寻求更高一层的适应。在趋于人类共同缔造全球大社会的过程中，彼此之间必须经过认知的互相容忍，互相尊重，才能走向和平共处。

今天的中国文化，分别存在于东亚几个华人地区：中国大陆及台湾、港澳、新加坡，也存在于分散全球的华人社会。我们也该承认，中国文化的传统，已有深刻的变化。以日常生活方式言，除了饮食之外，居住、服装、交通，都已西化；在若干大都市，甚至饮食文化，也已华洋相杂。在思想方面，儒道佛三家综合的中国式思维方式，也早已稀释于强大的西潮，相对言之，这一原为中国文化主流的思想系统，千百年来淀积于民间的枝节，却仍留在各处华人的行为、仪节，以至思维之中，例如互补的二元论（阴阳、公私、荣枯），只是大多数人往往行之若素，未经反省而已。

在价值取向方面，传统的整体主义（宗、族、乡、国）与今天普及全球的个人主义（人权、自由……）之间，在我们的行为中，处处有碰撞，却也人人可以找到自己以为适当的调和。在西方价值观俨然已是主流的世界中，中国人如此地寻求调适，是值得密切注意的现象。各处中国人社会中的精英，应当因应这一现象，认真思考，或能有意识地导引，发动大家，合作进行深度的反省，将中国传统文化的若干成分，挹注于有待我们合力缔造的全球人类共同文化。如能做到这一巨大而持久的任务，则中国与今天的主流文化之间，将不必有"我—他"与"主—客"的分别，而是从矛盾中，辩证式地跻登更高阶的融合。